Schriftenreihe: Bauwirtschaft und Projektmanagement

Heft Nr. 5

Herausgegeben vom
Institut für Baubetrieb, Bauwirtschaft und Baumanagement
Univ.Prof. A. Tautschnig und Univ.Prof. E. Schneider
Baufakultät der Universität Innsbruck

BOT-Modell am Beispiel des Wasserkraftwerks Birecik

Therese Leichter

innsbruck university press

Die Deutsche Bibliothek – CIP-Einheitsaufnahme
Ein Titeldatensatz für diese Publikation ist bei der Deutschen Bibliothek erhältlich.

Herstellung: Books on Demand GmbH

ISBN 3-901249-66-4

Universität Innsbruck, Innrain 52, A-6020 Innsbruck
http://www.university-press.at

Besonders danke ich

Institut für Baubetrieb, Bauwirtschaft und Baumanagement
Spiegl M. und Schneider E.

rp consult
Petter R.

der Fa. STRABAG AG, *für die interessante Tätigkeit in Birecik*
Görres H.

Verbundplan GmbH
Tafatsch H.
Kriesch Th.
Yilidirim T.

Verbundplan Birecik Operation Company
Zapletal W.
Manzl H.
Dellasega R.

Philipp Holzmann AG
Ebner W.
Buchner B.

(Alle oben genannten Personen ohne Anführung ihres akademischen Grades)

Kapitelübersicht
(Chapters)

Inhaltsverzeichnis
(Contents)

Kurzfassung

Die Realisierung von Infrastrukturprojekten scheitert oft an der Frage der Finanzierung. Zunehmend strebt man nach Möglichkeiten, trotz Haushaltsengpässen der Staatshaushalte, Projekte realisieren zu können. Diese Arbeit befasst sich mit einem komplexen Betreibermodell, das sich nicht nur in Entwicklungsländern, sondern aufgrund der Einhaltung der Maastricht-Kriterien und Auslagerung öffentlicher Infrastruktureinrichtungen auch im Europäischen Raum durchzusetzen beginnt. Der Aufgabenbereich des Bauingenieurs umfasst ein faszinierendes Spektrum, ausgehend von der Voraussetzung technischer Kompetenz bis hin zur Erfassung rechtlicher und wirtschaftlicher Zusammenhänge.

Ziel dieser Diplomarbeit ist es, das Betreibermodell **BOT (Build-Operate-Transfer)** anhand des Wasserkraftwerks **Birecik Dam & Hydro-Electric Power Plant** in der Türkei zu durchleuchten. Die Untersuchung vertraglicher bzw. wirtschaftlicher Beziehungen, die Risikoverteilungen der Projektbeteiligten und eine Beurteilung, ob dieses Auslandsprojekt die grundlegenden Voraussetzungen für ein echtes BOT-Modell erfüllt, bilden die Kernaufgaben.

Diese Diplomarbeit gliedert sich im wesentlichen in drei Bereiche. Der erste Teil liefert die theoretische Grundlage mit einer Beschreibung der entscheidenden Merkmale und der internationalen Vertragsgestaltung von BOT-Modellen. Der Hauptteil bezieht sich auf die Untersuchung des Fallbeispiels mit den Schwerpunkten Vertragsstruktur und -inhalte, Projektfinanzierung, Risiken und Sicherheitsmaßnahmen. Im letzten Teil wird einerseits die gegenwärtige Situation und die Frage inwiefern das Wasserkraftwerk *Birecik Dam & HEPP* ein echtes BOT-Projekt ist, erörtert, andererseits werden Verbesserungsansätze zur Diskussion gebracht.

Abstract

Financing is a vital concern for successful implementation of infrastructure projects and determines whether or not they are doomed to failure. Increasingly, new options to realize projects despite public sector budgetary constraints are sought. This thesis deals with a complex model, which has not only won recognition in less-developed countries, but has already become widely accepted within the European region due to compliance with the Maastricht criteria and consequential outsourcing of public infrastructure facilities. The civil engineer's scope of duties encompasses a broad and fascinating spectrum, ranging from the assumption of technical expertise to legal and economic comprehension.

*The thesis presented here aims at scrutinizing the **BOT (Build-Operate-Transfer)** model on the basis of the **Birecik Dam & Hydro-Electric Power Plant** in Turkey. The quintessential task at hand focuses on analyzing contractual and economic relations respectively and risk distributions of the various parties of the project and also on the evaluation of whether this overseas project meets the criteria of a real BOT model.*

Fundamentally, this thesis can be divided into three subject areas. The first area describes the crucial characteristics and the international contractual layout of BOT models, forming the theoretic basis. The principal part refers to the examination of the case study, mainly focusing on contract structure and contract contents, project financing, risks and preventive measures. The final subject area addresses the issue of whether or not the Birecik Dam & HEPP is a real BOT project, attempts of improvement and discussion of the present situation respectively.

1.   Einleitung *(Preface)*

1.1   Entstehung *(Origin)*

Der eigentliche Anreiz dieser Diplomarbeit geht bereits auf den 13. November 1997 zurück, an dem Herr DI H. Tafatsch mit seinem eindrucksvollen Vortrag, im Rahmen der PWI (Plattform Wasserbau Innsbruck) Veranstaltungen, mein Interesse weckte, mehr über dieses Projekt zu erfahren. An diesem Abend entstand auch die Idee einer Auslandsexkursion für Bauingenieure nach Südostanatolien. Nachdem diese auf ein weiteres Jahr verschoben wurde, beschloss ich, mich direkt bei den ausführenden Unternehmen zu bewerben. In den Sommermonaten 1999 ermöglichte mir die Fa. STRABAG Österreich AG aktiv an dieser Großbaustelle mitwirken zu können. In Absprache mit Herrn Univ.Prof. DI E. Schneider entschied ich mich im Rahmen der Entstehung der Dissertation von Herrn DI M. Spiegl, eine Diplomarbeit zum Thema: **„BOT-Modell am Beispiel des Wasserkraftwerks BIRECIK DAM & HEPP in der Türkei"** zu verfassen. Die besondere Herausforderung liegt für mich in der Auseinandersetzung mit technischen, rechtlichen und wirtschaftlichen Zusammenhängen dieses Projekts.

1.2   Aufgabenstellung *(Task)*

Ziel dieser Diplomarbeit ist es, das Betreibermodell *„Build, Operate and Transfer"* anhand des Fallbeispiels ***Birecik Dam & Hydro-Electric Power Plant*** zu durchleuchten. Der Schwerpunkt konzentriert sich auf die Untersuchung vertraglicher bzw. wirtschaftlicher Beziehungen, die Risikoverteilungen der Projektbeteiligten und eine Beurteilung, ob dieses Projekt die grundlegenden Voraussetzungen für ein echtes BOT-Modell erfüllt.

1.3   **Aufbau** *(Structure)*

Der erste Teil bildet die theoretische Grundlage mit einer Beschreibung der entscheidenden Merkmale und der internationalen Vertragsgestaltung von BOT-Modellen.

Der Hauptteil bezieht sich auf die Analyse des Fallbeispiels, mit den Schwerpunkten Vertragsstruktur und -inhalte, Projektfinanzierung, Risiken und Sicherheitsmassnahmen.

Im letzten Teil wird einerseits die gegenwärtige Situation und die Frage, inwiefern das Wasserkraftwerk *Birecik Dam & HEPP* ein echtes BOT-Projekt ist, erörtert, andererseits werden Verbesserungsansätze zur Diskussion gebracht.

Innsbruck, im Februar 2003

Gegenüber der Originalausgabe der Diplomarbeit wurden in dieser Ausgabe einige Druckfehlerberichtigungen vorgenommen.

Innsbruck, im April 2003

2. BOT-Modell *(BOT Model)*

2.1 Was versteht man unter PPP?
(What is PPP?)

Unter *Public Private Partnership* versteht man die partnerschaftliche Zusammenarbeit von öffentlicher Hand („Staat") und dem privaten Sektor z.B. zur Errichtung und/oder Betrieb von Infrastrukturprojekten. Ziel ist das gegenseitige Profitieren der Projektbeteiligten, das vielfach auch als *„win-win"*-Situation bezeichnet wird.

Zusammenfassend aus den Definitionen mehrerer Autoren könnte man PPP folgendermaßen beschreiben:

- ◎ Interaktion zwischen Staat und Privatunternehmen
- ◎ Konzentration auf die Verfolgung komplementärer Ziele
- ◎ Synergiepotenziale bei der Zusammenarbeit
- ◎ Prozessorientierung
- ◎ Identität und Verantwortung der Partner bleiben intakt
- ◎ Die Zusammenarbeit ist vertraglich formalisiert

Der Partnerschaftsansatz zielt auf eine gemeinsame Lösung der Bereiche „Risiko und Finanzierung". Der Erfolg von PPP-Modellen ist auf die Stabilität des Staates, dem Gewinn von Zeit und der Effizienzsteigerung durch die Privatwirtschaft zurückzuführen. Da dieser „Zeitgewinn" aber Geld kostet, wird das Refinanzierungsproblem nicht aufgehoben, sondern portionsweise auf zukünftige Haushalte übertragen. In erster Linie kann auf diese Art und Weise kurzfristig „mehr" Infrastruktur finanziert werden.

PPP kann als Überbegriff für vielfältige Modelle, die im Zusammenhang mit der Projektentwicklung (im Sinne von Bereitstellung, Betrieb und Wartung) im Bereich der Infrastruktur stehen, bezeichnet werden. Der Vielfalt der Gestaltungsmöglichkeiten von Betreibermodellen entspricht die Vielfalt der Akronyme.

Projekte, die durch diese verschiedenen Betreibermodelle realisiert werden, weisen folgendes gemeinsames Merkmal auf:

Sie werden nicht von der öffentlichen Hand, sondern von der Privatwirtschaft errichtet (oder saniert usw.), betrieben (oder gemanagt usw.) und finanziert [7].

BOT	Build	Operate	Transfer	
BOO	Build	Own	Operate	
BOR	Build	Operate	Renewal of Concession	
BOOT	Build	Own	Operate	Transfer
BLT	Build	Lease	Transfer	
BRT	Build	Rent	Transfer	
BT	Build	Transfer		
BTO	Build	Transfer	Operate	
DBFO	Design	Build	Finance	Operate
DCMF	Design	Construct	Manage	Finance
MOT	Modernize	Operate	Transfer	
ROO	Rehabilitate	Own	Operate	
ROT	Rehabilitate	Own	Transfer	

Tabelle 2-1:   Akronyme für Betreibermodelle verändert aus [1]
                    (Variants of the Acronym BOT)

Marktattraktivität und Ausmaß der Einbindung der öffentlichen Hand sind die ausschlaggebenden Kriterien von PPP-Modellen. D.h. je marktattraktiver das Projekt, desto geringer ist der Bedarf öffentlicher Mittel.

Der wichtigste Punkt für private Investoren ist die Marktattraktivität des Projekts, welche durch hoheitliche Eingriffe (bei Mautautobahnen z.B. durch Verkehrsbeschränkungen auf Parallelstrecken) gesteigert werden kann, ohne erforderliche höhere Risiko- und Kapitaleinbindung der öffentlichen Hand.

Wesentlich sind vor allem "Konkurrenzverbote", d.h. der öffentliche Partner darf für dieselbe zu erbringende Leistung keine zweite Konzession genehmigen, vorausgesetzt der Konzessionsnehmer erfüllt seine vereinbarten Vertragspflichten, wie z.B. Einhaltung der vorgegebenen Leistungskriterien [2].

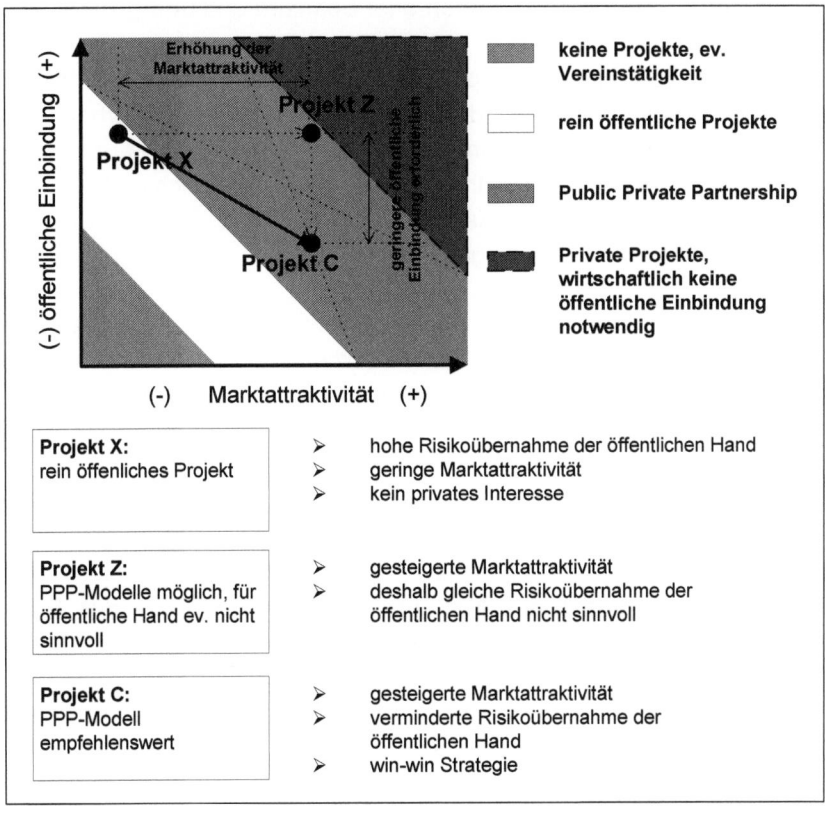

Abbildung 2-1:   Erhöhung der Chancen für PPP-Modell durch Steigerung der Marktattraktivität bei gleichzeitiger Verminderung der öffentlichen Einbindung verändert aus [2] *(Raising the chances of Public Private Partnership by means of increasing the attractiveness of the market and decreasing the public involvement at the same time)*

2.2   Was versteht man unter BOT?
(What is BOT?)

Das Akronym **BOT** bedeutet „*Build*, *Operate and Transfer*" oder „*Build*, *Own and Transfer*", übersetzt: „**errichten**, **betreiben** oder **besitzen** und **übergeben** [1]."

Die Verwirklichung von Infrastrukturprojekten erfolgt mittels privater Investitionen. Diese Aufgabe war bislang der öffentlichen Hand vorbehalten. Die „Projektfinanzierung" bildet den Grundstein des Modells. Als Sicherheit des Geldgebers spielt dabei die Projektrentabilität eine wesentliche Rolle, da einem Wasserkraftwerk kein bestimmter Kapitalwert zugeordnet werden kann und das Potenzial zum Wiederverkauf sehr begrenzt ist.

In einem BOT Projekt erhält eine private Gesellschaft die Konzession für die Errichtung und den Betrieb einer Anlage. Finanzierung und Planung sind ebenfalls Aufgabenbereiche der Gesellschaft. Bei Wasserkraftwerken kann die Gesellschaft, durch den Verkauf von Energie (Strom) innerhalb der Betriebszeit, ihre Schulden tilgen und darüber hinaus ihren Gewinn erwirtschaften. Nach Konzessionsablauf geht die Anlage in den Besitz der öffentlichen Hand über.

Ein gut verhandeltes und entwickeltes Vertragswerk begrenzt die Rendite der Sponsoren auf ein angemessenes Maß und gewährleistet, dass das Projekt den nationalen und wirtschaftlichen Interessen des Gastlandes dient.

Nicht nur in vielen Entwicklungsländern, sondern bereits auch im Europäischen Raum wird eine Bereitstellung von Infrastruktur auf BOT-Basis angestrebt.

2.3   Abgrenzung zwischen PPP und BOT
(Subtle Distinction between PPP and BOT)

Wenn sich ein ausschließlich privat-finanziertes BOT-Projekt nicht betriebswirtschaftlich rentabel darstellen lässt, dann wird es manchmal doch noch umgesetzt, indem sich die öffentliche Hand wirtschaftlich daran beteiligt. Es ergeben sich oft Mischformen aus reinen BOT- und PPP-Modellen. Dies kann z.B. durch Einräumung von Steuervorteilen, die Übernahme von Ausfallshaftungen, die Gewährung von echten Zuschüssen oder durch Zahlung einer „Schattengebühr" an die Projektgesellschaft (Konzessionsnehmer) erfolgen.

BOT ist eine spezielle Art von PPP-Modellen. Jedes BOT-Modell ist ein PPP-Modell, aber nicht jedes PPP-Modell ist ein BOT-Modell.

In England wurde ein neuer Begriff für die Auslagerung von öffentlichen Leistungen eingeführt. *PFI (Private Finance Initiative)* dient als Überbegriff der unterschiedslosen Erfassung von BOT und PPP [7].

2.4   Volkswirtschaftliche Vor- und Nachteile von BOT-Projekten
(Economic Advantages and Disadvantages of BOT Projects)

Die Beurteilung der volkswirtschaftlichen Komponente eines BOT-Projekts ist von großer Bedeutung. Die Vor- und Nachteile müssen projektbezogen quantifiziert und gegenübergestellt werden [6].

2.4.1   Vorteile
(Advantages)

☺ **Schonung der Staatshaushalte und Finanzierbarkeit**
Der Bedarf nach leistungsfähiger Infrastruktur v. a. in Schwellenländern und schnell wachsenden Volkswirtschaften übersteigt die Finanzierungsmöglichkeiten aus öffentlichen Haushalten bei weitem. Die Mobilisierung von privatem Kapital bietet eine Lösungsmöglichkeit dieses Problems. Voraussetzungen dazu können durch das BOT-Modell realisiert werden. Diese ergeben sich aufgrund der Überprüfung des Projekts hinsichtlich ausreichender Rentabilität durch solide internationale Großunternehmen und durch ihre Bürgschaft mittels Eigenkapitalengagement.

☺ **Zeitvorteile**
Projekte, die aus Finanzierungsgründen aufgeschoben werden müssten, können durch das BOT-Modell kurzfristig realisiert werden. Ein weiterer Zeitvorteil ergibt sich daraus, dass Projektgesellschaften die Inbetriebnahme der Anlage so früh wie möglich erreichen wollen, um damit die erheblichen Zwischenfinanzierungskosten zu minimieren. Insbesondere profitiert auch die Volkswirtschaft von einer raschen Bereitstellung erforderlicher Infrastruktur, weil damit Grundvoraussetzungen für deren positive Entwicklung gelegt werden.

☺ **Wettbewerbsvorteile und Lebenszyklusoptimierung**
Wenn das Honorar des Planers bei klassischen Vergabeformen proportional zu den Baukosten ist, wird er wenig Anreize haben, ein kostengünstiges Projekt zu planen. Unwirtschaftliche Betriebs- und Unterhaltseigenschaften führen dann oft zu unnötig hohen Kosten, die langfristig erhebliche Summen ergeben. Sehr viel

vorteilhafter ist der Systemanbieterwettbewerb bei BOT-Projekten, aus dem ein einziger Auftragnehmer für Planung, Bau, Finanzierung und Betrieb hervorgeht. Diese Wettbewerbsform ermöglicht ein über seinen gesamten Lebenszyklus optimiertes Projekt, besonders im Hinblick auf die **Lebenszykluskosten** *(Life-Cycle Costs)*.

☺ **Effizienzvorteile**

Da privatwirtschaftliche Unternehmen einem viel größeren Wettbewerbsdruck ausgesetzt sind als staatliche Stellen, ergeben sich oft deutliche Effizienzvorteile. Die Übertragung der Realisierung von öffentlich genutzten Bauprojekten vom Staat auf die Privatwirtschaft kann demnach zu entsprechenden Kostenvorteilen für die Volkswirtschaft eines Landes beitragen.

☺ **Risikoübertragung an die Privatwirtschaft**

Bei der Abwicklung großer Infrastrukturprojekte können Risiken nie verhindert werden. Im Gegensatz zur konventionellen Abwicklung bietet das BOT-Modell der öffentlichen Hand die Möglichkeit, weitreichende Projektrisiken an die Privatwirtschaft zu übertragen. Rückblickend meine ich, dass diese vom Staat gewünschte Verlagerung bei den meisten Projekten nicht realisiert werden konnte.

2.4.2 Nachteile
(Disadvantages)

☹ **Gewinn der Projektgesellschaft**

Das Bestreben der Projektgesellschaft ist, einen möglichst hohen Gewinn zu erzielen. Anders als bei konventionellen Staatsprojekten wird dieses Geld bei einer zur Gänze ausländischen Projektgesellschaft dem Staatshaushalt entzogen und der Gewinn ins Ausland transferiert.

☹ **Ungünstige Kreditsituation**

Die Kreditkonditionen, welche einer privaten Projektgesellschaft gewährt werden, sind viel ungünstiger als jene, die Staaten gewährt werden. Diese anfallenden Mehrkosten müssen vom Projekt getragen werden und wirken sich in Folge dementsprechend auf die Volkswirtschaft aus (z.B. höhereTarife).

2.5   Merkmale eines BOT-Projekts
(Characteristics of a BOT project)

Ein BOT-Projekt ist durch zwei Grundkonzepte geprägt [4]:

❶ **Systemanbieter** *(System Provider)*
Eine Projektgesellschaft als Systemanbieter liefert dem Konzessionsgeber als Kunden ein komplettes bauliches System, welches auf seine Bedürfnisse abgestimmt ist. Der Kunde ist somit von allen Aufgaben, die nicht in seine Kernkompetenz fallen, befreit und erhält beispielsweise kein Kraftwerk, sondern kWh Strom.

❷ **Projektfinanzierung** *(Project Financing)*
Diese ist durch drei Eigenschaften gekennzeichnet:

① **Geldstrombezogene Kreditgewährung** *(Cash Flow Related Lending)*
Alle Kredite für das Projekt werden direkt und ausschließlich aus dessen cash flow bedient. Die Sponsoren der Projektgesellschaft haften nur mit ihrem darin eingezahlten Eigenkapital.

> | Definition des cash flows | (Geldstromrechnung) [5]:
> Der **cash flow** ist eine Kennzahl, die anzeigt, in welchem Ausmaß die durch Umsatz zugeflossenen baren Einnahmen die baren Ausgaben übersteigen. Es ist also jener Betrag einer Rechnungsperiode, der dem Unternehmen zur Verfügung steht zur Eigenfinanzierung von Investitionen, zur Rückzahlung von Krediten und bei Kapitalgesellschaften zur Zahlung der Dividende. Wird der cash flow in Relation zu den Anlageinvestitionen gebracht, so ist die Selbstfinanzierungskraft für Investitionen des Unternehmens ersichtlich. Setzt man ihn in Beziehung zu den Verbindlichkeiten, so erhält man eine Aussage über die eigene Schuldentilgungskraft, welche die Kreditwürdigkeit bestimmt.

② **Bilanzenunabhängige Finanzierung** *(Off-Balance Sheet Financing)*
Es erfolgt kein Ausweis der Projektkredite in die Bilanzen der Sponsoren.

③ **Risikoteilung** *(Risk Sharing)*
Aufgrund der beschriebenen Haftungsbeschränkung der Sponsoren lässt sich das anteilsmäßig überwiegende Fremdkapital am Gesamtkapital nur dann beschaffen, wenn der Erfolg betriebswirtschaftlich darstellbar ist und alle Projektrisiken genau identifiziert und eindeutig zugewiesen sind. Die Kreditgeber übernehmen somit einen Teil der Projektrisiken, da sie bei Misslingen des Projekts nicht über einen vollen Rückanspruch verfügen.

2.6   Projektbeteiligte

(Various Parties of a BOT Project)

Ein BOT-Projekt zeichnet sich auch durch seine Vielzahl an Projektbeteiligten aus.

Regierung (Konzessionsgeber) *(Host Government)*

Ziel ist die zeitlich vorgezogene Realisierung eines Projekts mittels privater Finanzierung (möglichst ohne staatliche Subventionen). Ferner soll die strategische Kontrolle über das Projekt beibehalten werden, um langfristige Interessen der Regierung sicherzustellen. Theoretisch sollte die Regierung von den Bereichen Finanzierung, Planung, Errichtung, Betrieb und Wartung „befreit" werden. Tatsächlich ist eine aktive Unterstützung der Bereiche Gesetzgebung, Vorschriften, Verwaltung und manchmal sogar Finanzierung in den meisten Entwicklungsländern unumgänglich.

Sponsoren *(Sponsors)*

Noch während des Anfangsstadiums des BOT-Prozesses bilden sie ein Konsortium (ausschließlich private Unternehmen oder unter staatlicher Beteiligung), um die Machbarkeitsstudien durchzuführen, Ausschreibungsunterlagen zu überprüfen und ihr Angebot einzureichen.

Das auserwählte Bieterkonsortium gründet in weiterer Folge eine Projektgesellschaft, welche als „juristische Person" in alle erforderlichen vertraglichen Vereinbarungen eingebunden wird. Sponsoren haften ausschließlich mit ihrem eingebrachten Eigenkapital (meistens 20 - 30 % der Gesamtprojektkosten [1]).

Sponsoren sind sowohl **aktive** als auch **passive Investoren**. Der Unterschied zwischen aktiven und passiven Investoren liegt darin, dass aktive Investoren direkt an der Ausführung des Projekts beteiligte Unternehmen sind. Bei Versagen des Projekts gehen diese Eigenmittel verloren. In speziellen Fällen ist die Eigenmittelbeteiligung der Regierung möglich.

Projektgesellschaft (Konzessionsnehmer) *(Project Company)*

Der Konzessionsvertrag (Implementierungsvertrag) definiert ihre Rechte und Verpflichtungen gegenüber der Regierung.

Eigentümer der Projektgesellschaft sind die Sponsoren, welche ihr Eigenkapital einbringen und für die erfolgreiche Abwicklung des Projekts verantwortlich gemacht werden. Eine weitere Aufgabe der Projektgesellschaft ist die Beschaffung von Fremdkapital (Krediten) zur Finanzierung des Projekts. Deshalb können auch andere Investoren wie Banken oder Versicherer, welche als finanzielle Berater dienen, Mitglieder der Projektgesellschaft sein.

Der Vorstand ist für die Schlichtung möglicher Interessenskonflikte zwischen den Haupteigentümern und den Sponsoren, welche als Lieferanten von Gütern und Leistungen beteiligt sind, zuständig.

In den meisten Fällen empfiehlt sich die Einbeziehung eines kompetenten, lokalen Partners aus dem Privatsektor. Dieser sollte die regionalen Gegebenheiten kennen, gute Verbindungen besitzen und angesehen sein. Ein möglicher Partner ist eine Bauunternehmung, Industrie-, Handels- oder Finanzierungsfirma. Dadurch kann eine raschere Lösung örtlicher Probleme erreicht werden. Zudem trägt er wesentlich zur, von der Regierung angestrebten, Technologieübertragung in das eigene Land bei.

Unternehmer, Lieferanten: *(Contractors, Suppliers)*

Um ihr eigenes Interesse am Erfolg des Projekts zu forcieren, sollen führende Mitglieder des Errichterkonsortiums (d.h. bei hohem Anteil an den Baukosten) in der Projektgesellschaft vertreten sein.

Betreiber: *(Operator)*

Die Auswahl eines geeigneten Betreibers im Hinblick auf ein betriebskostenmäßig optimiertes Projekt ist von sehr großer Bedeutung. Daher erscheint auch hier eine Einbindung in die Projektgesellschaft als sinnvoll. Häufig bilden Sponsoren eine Tochtergesellschaft für den Betrieb und Wartung der Anlage.

ö **Kreditgeber, Versicherer:** *(Lenders and Insurers)*
Bei genügend vorhandener Sicherheit liefern Banken, Versicherungen und andere Institutionen das Fremdkapital (meistens 80 % der Gesamtprojektkosten [1]) an die Projektgesellschaft. Je höher das Projektrisiko, desto geringer ist das Verhältnis von Krediten zu Eigenkapital.

§ **Berater:** *(Technical, Financial and Legal Advisors)*
Technische, wirtschaftliche und rechtliche Berater werden meist, sowohl von der Regierung, als auch von den Sponsoren herbeigezogen, um fehlende Erfahrung auszugleichen.

Der Konzessionsgeber hat u. a. Berater für die Erstellung der Ausschreibungsunterlagen, für die Angebotsprüfung und für die Ausarbeitung des Konzessionsvertrages.

Die Projektsponsoren haben Berater für die Überprüfung der finanziellen Durchführbarkeit und für die Vertragsgestaltung.

Während der Bauphase soll die Baustelle auf Qualität, Leistungsumfang und Einhaltung des zeitlichen Rahmens von unabhängigen Beratern kontrolliert werden.

2.7   Projektstruktur
(Structure of a BOT Project)

Die Verknüpfung dieser Projektbeteiligten erfolgt zum einen durch Verträge und zum anderen auf gesellschaftsrechtlicher Basis.

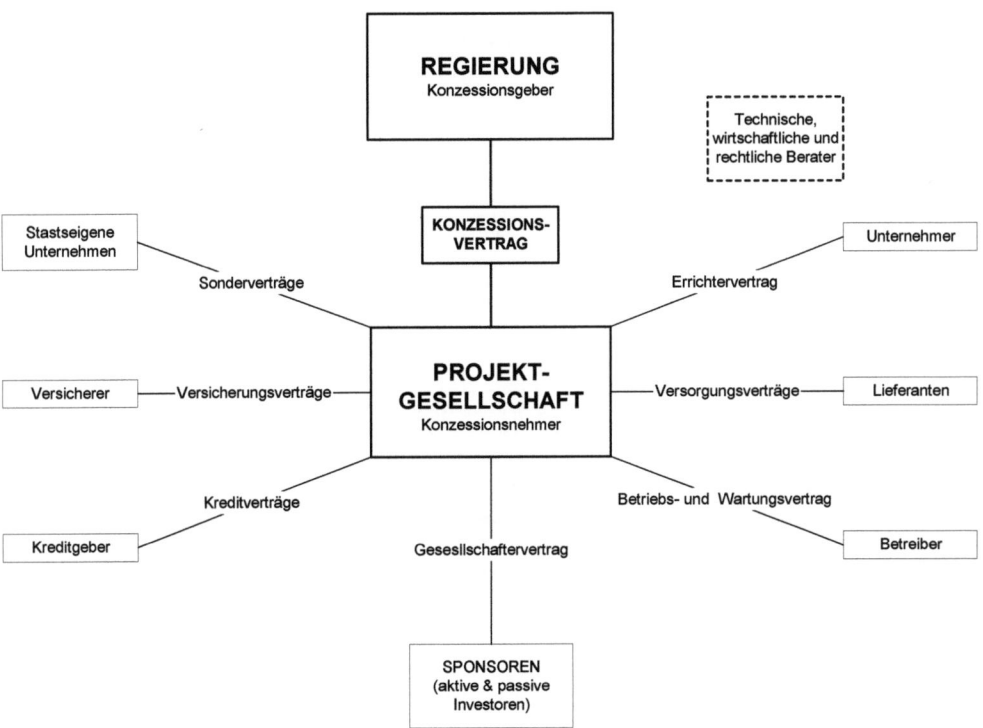

Abbildung 2-2:   Struktur eines BOT-Projekts verändert aus [1]
            (Structure of a BOT Project)

2.8   Projektphasen
(Phases of a BOT Project)

Die folgende Tabelle beschreibt die chronologische Abfolge der einzelnen Vorgänge. Jede Phase enthält zahlreiche Verträge, welche zusammen das Vertragspaket des Projekts bilden. Die Hauptunterschiede zum traditionellen Projektablauf liegen in der längeren Projektvorbereitungsphase und der kürzeren Bauphase.

I.	**Identifikation**	❏ Projekt identifizieren ❏ Finanzierungsform definieren ❏ Vorstudie zur Durchführbarkeit ❏ Projektmanager und Arbeitsgruppe bestimmen ❏ Regierungsbeschluss
II.	**Vorbereitung der Ausschreibung** (Regierung)	❏ Vergabeverfahren ❏ Präqualifikation ❏ Konzessionsvertrag ❏ Ausschreibungsunterlagen ❏ Bewertungskriterien der Angebote
III.	**Vorbereitung des Angebots** (Sponsoren)	❏ Konsortium bilden/möglicherweise Projektgesellschaft ❏ Machbarkeitstudie ❏ Auswahl möglicher Partnerschaften ❏ Angebot einreichen
IV.	**Auswahl**	❏ Angebote bewerten ❏ Klarstellungen/Anpassungen ❏ Vergabe, Zuschlagserteilung
V.	**Entwicklung**	❏ Projektgesellschaft bilden ❏ Beiträge von Eigenkapital ❏ Kreditvertäge ❏ Hauptabschluß der Finanzierung ❏ Errichter Vertrag ❏ Lieferantenvertrag ❏ Abnahmevertrag ❏ Versicherungsvertrag ❏ Betriebs- und Wartungsvertrag
B VI.	**Ausführung**	❏ Anlage errichten und Ausstattung einbauen ❏ Überprüfung, Testphase ❏ Abnahme ❏ Technologie-und Know-How-Übertragung ❏ Beurteilung
O VII.	**Betrieb**	❏ Betrieb und Wartung während der Konzessionsdauer ❏ Inspektion ❏ Schulung ❏ Technologie-und Know-How-Übertragung
T VIII.	**Übergabe**	❏ Übergabeverfahren

Tabelle 2-2:   Projektphasen eines BOT-Projekts verändert aus [1]
                      (Phases of a BOT Project)

2.9   Bewertungsarten eines BOT-Projekts
(Types of Appraisal of a BOT Project)

Ein BOT-Projekt wird während den verschiedenen Phasen von mehreren Beteiligten bewertet. Bei der Beurteilung seitens der Regierung steht primär der gesamtwirtschaftliche Nutzen und die Einflüsse auf die Gesellschaft und die Umwelt im Vordergrund (Volkswirtschaftliche Beurteilung). Die Sponsoren hingegen konzentrieren sich in erster Linie auf wirtschaftliche Größen, wobei das Zusammenspiel von Gewinnaussichten und dafür zu tragendes Risiko entscheidend ist (Wirtschaftliche Beurteilung).

Meistens werden fünf Beurteilungen durchgeführt [1]:

2.9.1   Marktforschung
(Commercial Appraisal)

Der Erfolg eines BOT-Projekts hängt von der tatsächlichen Übereinstimmung prognostizierter Einnahmen ab. Um eine möglichst genaue Vorhersage machen zu können, werden zahlreiche Untersuchungen des Marktes durchgeführt. Das Risiko aufgrund der Unsicherheiten der Prognosen wird entweder von den Sponsoren übernommen oder mittels Abnahmegarantien von der Regierung getragen.

2.9.2   Technische Beurteilung
(Technical Appraisal)

Ziel einer technischen Beurteilung ist es, sicherzustellen, ob das Projekt solide geplant wurde, und ob die angewandte Technologie dem Verwendungszweck und internationalen Standards entspricht. Sie basiert auf der technischen Beschreibung des Projekts und zusätzlichen Informationen, die von Ingenieuren und anderen technischen Spezialisten zur Verfügung gestellt werden. Die Regierung, Sponsoren und Kreditgeber verwenden diese Beurteilung, um die Wahrscheinlichkeit abzuschätzen, dass das Projekt zeitgerecht und im Rahmen des Budgets fertig gestellt, und ein plangemäßer Betrieb erfolgen kann und nicht von technischen

Faktoren eingeschränkt wird. Ferner liefert sie wichtige Informationen über Errichtungs-, Ausstattungs-, Betriebs- und Wartungskosten für die wirtschaftliche und volkswirtschaftliche Beurteilung.

2.9.3   Umweltverträglichkeitsprüfung
(Environmental Assessment)

Da Infrastrukturprojekte normalerweise großen Einfluss auf die Umwelt ausüben, ist diese Prüfung von besonderer Bedeutung. Die Genehmigungsdauer darf daher nicht unterschätzt werden.

2.9.4   Wirtschaftliche (ökonomische) Beurteilung
(Financial Appraisal)

Diese Beurteilung gewährleistet die Rentabilität und das Vorhandensein finanzieller Mittel zur Deckung der Ausführungskosten in Abstimmung auf den vorgesehenen Terminplan. Die Rentabilität eines Projekts hängt von vielen Faktoren ab, u. a. auch von den Errichtungs- und Betriebskosten, den insgesamt erwarteten Einnahmen und den Kreditkosten. Eine wirtschaftliche Beurteilung wird auch für die Ermittlung der Variante verwendet, welche die höchste Rendite aufweist.

Wichtig für die Abschätzung der Rentabilität des Projekts ist die Bestimmung des Kapitalwerts **NPV *(Net Present Value)*** und des Internen Zinsfußes **IRR *(Internal Rate of Return)***. Sie werden für den Vergleich verschiedener Investitionsmöglichkeiten herangezogen, unter Berücksichtigung der eingegangenen Risiken. Investoren interessieren sich in erster Linie für die Einkünfte, die sie durch ihr investiertes Kapital erwirtschaften können.

IRR und *NPV* lassen sich folgendermaßen veranschaulichen [3]:

cs **Interner Zinsfuß** *IRR (Internal Rate of Return)*
Alle Komponenten eines Projektes werden in einer einzigen Zahl zusammengefasst. Diese ist ausschließlich von den Geldströmen *(Cash Flows)* abhängig. Eine Befürwortung des Projekts sollte dann erfolgen, wenn der *IRR* über dem Diskontierungssatz liegt.

cs **Kapitalwert** *NPV (Net Present Value)*
Unter *NPV* versteht man den abgezinsten gegenwärtigen Wert der zukünftigen Geldströme der Investition, abzüglich der ursprünglichen Investitionskosten. Abgezinst werden die Investitionen mit der Diskontierungsrate. Sie ergibt sich aus dem Marktzins und dem individuellen Schätzwert *(Risk Premium)*.

Diskontierungsrate r = Marktzins r(i) + individuelles *Risk Premium*

Die *NPV* Rechnung beantwortet die Frage wieviel Geld ein Investor gegenwärtig benötigt, so dass es einen kompletten Ersatz für die Durchführung der Investition darstellen würde. Bei positiven *NPV* ist eine Investition sinnvoll, bei negativem *NPV* sollte das Projekt abgelehnt werden.

Rechenbeispiel

❖ Ausgangslage und Projektmerkmale:

Investitionssumme zum Zeitpunkt t_0	100
Jährliche Investitionsüberschüsse	35
Konzessionszeit	5 Jahre
Kapitalkostensatz	10 %

❖ Geldströme:

Zeit [Jahre]	Beginn t_0	t_1	t_2	t_3	t_4	t_5
Flüsse (+/-)	-100	+35	+35	+35	+35	+35

❖ NPV und IRR:

NPV (k = 0 %)   5 x 35 - 100 =   **+75**

Bei einer Abzinsung von 0 % ergibt sich ein Kapitalwert von 75 aus allen
Einkünften über die Konzessionszeit abzüglich der Investionssumme.

NPV (k = 10 %) t_0:   =   -100
                   t_1: $35/(1+0{,}1)^1$ =   31,8
                   t_2: $35/(1+0{,}1)^2$ =   28,9
                   t_3: $35/(1+0{,}1)^3$ =   26,3
                   t_4: $35/(1+0{,}1)^4$ =   23,9
                   t_5: $35/(1+0{,}1)^5$ =   21,7
                                                                  =   **32,6**

Die Summe der abgezinsten Einkünfte mit dem gewählten
Diskontierungssatz abzüglich der Investionssumme ergibt einen
Kapitalwert von 32,6.

NPV (k = 22%) t_0:   =   -100
                   t_1: $35/(1+0{,}22)^1$ =   28,7
                   t_2: $35/(1+0{,}22)^2$ =   23,5
                   t_3: $35/(1+0{,}22)^3$ =   19,3
                   t_4: $35/(1+0{,}22)^4$ =   15,7
                   t_5: $35/(1+0{,}22)^5$ =   12,8
                                                                  =   **0,0**

IRR   =   **22 %**

Die Summe der abgezinsten Einkünfte mit dem *IRR*-Satz abzüglich der
Investionssumme ergibt einen Kapitalwert von Null; d.h. der interne
Zinsfuß der Einkünfte ergibt sich zu 22 % der Investitionssumme.

2.9.5 Volkswirtschaftliche Beurteilung
(Economic Appraisal)

Der Hauptgrund dieser Beurteilung ist die Abschätzung des potentiellen Beitrags des Projekts zu den gesamtwirtschaftlichen Entwicklungszielen der Regierung, und folglich seiner Priorität im Entwicklungsprogramm von Infrastruktur des jeweiligen Landes. Die Entscheidung wird in erster Linie im Hinblick auf die beste Nutzungsmöglichkeit der Landesressourcen, und weniger aus Sicht der reinen monetären Einkünfte der Projektgesellschaft, getroffen.

2.10 Risiko
(Risk)

Unter **Risiko** versteht man eine **positive** (Chance) oder **negative** (Wagnis) **Zielabweichung** [2].

Die Identifikation und das Management von Risiken sind wesentliche Bestandteile jedes Projekts. Die grundlegenden Risiken bleiben jedoch in jedem Fall erhalten, unabhängig davon, ob die Strukturierung und Finanzierung eines Infrastrukturprojekts auf BOT-Basis realisiert wird oder nicht. Der Hauptunterschied liegt in der Beteiligung des privaten Sektors an BOT-Projekten, infolgedessen in der Übertragung der Risiken der öffentlichen Hand an den privaten Sektor [1].

2.10.1 Risiko Identifikation
(Risk Identification)

Jedes Gastgeberland, jeder Infrastrukturbereich und jedes BOT-Projekt ist durch ihr eigenes Risikoprofil gekennzeichnet. Die verschiedenen Risikoarten kann man in zwei breite Kategorien einteilen [1]:

⇨ **Generelle (landesspezifische) Risiken** *(General (or Country Specific) Risks)*
Diese Risiken stehen im Zusammenhang mit dem politischen, wirtschaftlichen und rechtlichen Umfeld des Gastgeberlandes und beziehen sich auf Bereiche, welche i. Allg. nur gering oder gar nicht von den Sponsoren des Projekts beeinflusst werden können.

⇨ **Projektspezifische Risiken** *(Specific Project Risks)*
Bis zu einem gewissen Grad lassen sich diese Risiken von den Sponsoren des Projekts beherrschen.

GENERELLE RISIKEN	Risikozuordnung					
Risikoidentifikation	Regierung	Projektgesellschaft	Errichter	Betreiber	Weitere	Versicherung
Politische Risiken						
Politisches Unterstützungsrisiko						
Steuerrisiko						
Enteignungsrisiko						
Konzessionsentzugsrisiko						
Import/Export Beschränkungen						
Wirtschaftliche Risiken						
Umtauschbarkeitsrisiko der Währung						
Kursrisiko						
Inflationsrisiko						
Zinsratenrisiko						
Rechtliche Risiken						
Gesetzes- und Vorschriftenänderungen						
Durchsetzungsrisiko von Gesetzen						

Tabelle 2-3:   Arbeitsblatt zur Identifikation und Zuordnung Genereller Risiken verändert aus [1]
(Worksheet for Identification and Allocation of General Risks)

PROJEKTSPEZIFISCHE RISIKEN	Risikozuordnung					
Risikoidentifikation	Regierung	Projektgesellschaft	Errichter	Betreiber	Weitere	Versicherung
Entwicklungsrisiken						
Vergaberisiken						
Verzögerungsrisiko der Planung						
Genehmigungsrisiken						
Grenzüberschreitende Risiken						
Ausführungs- und Fertigstellungsrisiken						
Terminüberschreitungsrisiko						
Kostenüberschreitungsrisiken						
Leistungsnachweisrisiko						
Fertigstellungsrisiko						
Force Majeure Risiko						
Tätigkeitsschäden oder Verluste						
Haftungsrisiko						
Betriebsrisiken						
Risiko der angeschlossenen Infrastruktur						
Technische Risiken						
Nachfragerisiko						
Versorgungsrisiko						
Kostensteigerungsrisiken						
Betriebsführungsrisiken						
Force Majeure Risiko						
Anlageschäden oder Verluste						
Haftungsrisiko						

Tabelle 2-4:   Arbeitsblatt zur Identifikation und Zuordnung Projektspezifischer Risiken
verändert aus [1]
(Worksheet for Identification and Allocation of Specific Project Risks)

2.10.2 Risikozuordnung und Risikomanagement
(Risk Allocation and Risk Management)

Um den Erfolg des BOT-Projekts sicherzustellen, muss jedes Risiko eindeutig zugeordnet und effizient geführt werden. Während die Regierung so viele Risiken wie möglich auf den privaten Sektor übertragen will, ist dieser bestrebt sich so wenig wie möglich den Risiken auszusetzen.

Grundsätzlich sollte **derjenige** ein bestimmtes **Risiko tragen**, der dieses **am besten beeinflussen und beherrschen** kann, v. a. im Hinblick auf die Kosten des Gesamtprojekts.

Normalerweise erklären sich die privaten Sponsoren bereit, ihnen vertraute Risiken, wie z.B. Entwicklungs-, Ausführungs-, Fertigstellungs- und Betriebsrisiken, zu übernehmen. Hingegen werden sie zögern nicht versicherbare Risiken, welche nicht quantifizierbar und außerhalb ihres Einflussbereichs stehen, wie z.B. politische und wirtschaftliche Risiken, unbestimmte Nachfragerisiken und nicht versicherbare **„Höhere Gewalt"** *(Force Majeure)* **Risiken**, zu übernehmen. Falls die Regierung trotzdem einige dieser Risiken auf den privaten Sektor überwälzen will, muss diese bereit sein, die daraus resultierenden höheren Kosten der Leistungen zu akzeptieren.

Die grundlegende Risikozuordnung ist im Konzessionsvertrag zwischen Projektgesellschaft und Regierung festgelegt. In weiterer Folge verhandelt die Projektgesellschaft mit anderen Projektbeteiligten eine Reihe von Verträgen aus. Unter anderem beinhalten diese Verträge, welche Risiken an wen weitergegeben werden.

Die grundlegende Risikostruktur des Projekts wird durch folgendes Vertragspaket bestimmt [1]:

- **KONZESSIONSVERTRAG** *(PROJECT (or CONCESSION) AGREEMENT)*
- **Gesellschaftervertrag** *(Shareholders Agreement)*
- **Verschiedene Kreditverträge** *(Various Credit Agreements)*
- **Errichtervertrag** *(Construction Contract)*
- **Ausrüsterverträge** *(Equipment Supply Contract)*
- **Langfristige Versorgungsverträge** *(Long - term Materials Supply Contract)*
- **Energieabnahmevertrag oder Tarifvertrag** *(Off - take Contract or Tariff Agreement)*
- **Betriebs- und Wartungsvertrag** *(Operations and Maintenance Contract)*

2.11 Finanzierung
(Financing)

Grundsätzlich stehen drei **Finanzierungsmittel** zur Verfügung:

- 💰 **Eigenkapital** *(Equity Capital)*
- 💰 **Fremdkapital** *(Debt Capital)*
- 💰 **Mischform beider Mittel** *(Mezzanine Capital).*

Jede hat eine spezielle Funktion bei der Projektfinanzierung und ist durch ihre Risikoeigenschaft charakterisiert, welche wiederum die Rendite bestimmt.

Aufgrund der komplexen Struktur von BOT-Projekten ergeben sich vielfältige Zahlungsströme. In der nachstehenden Abbildung sind die Kapitalströme, die in das Projekt einfließen durch strichlierte, die Auslagen der Projektgesellschaft durch linierte Pfeile veranschaulicht.

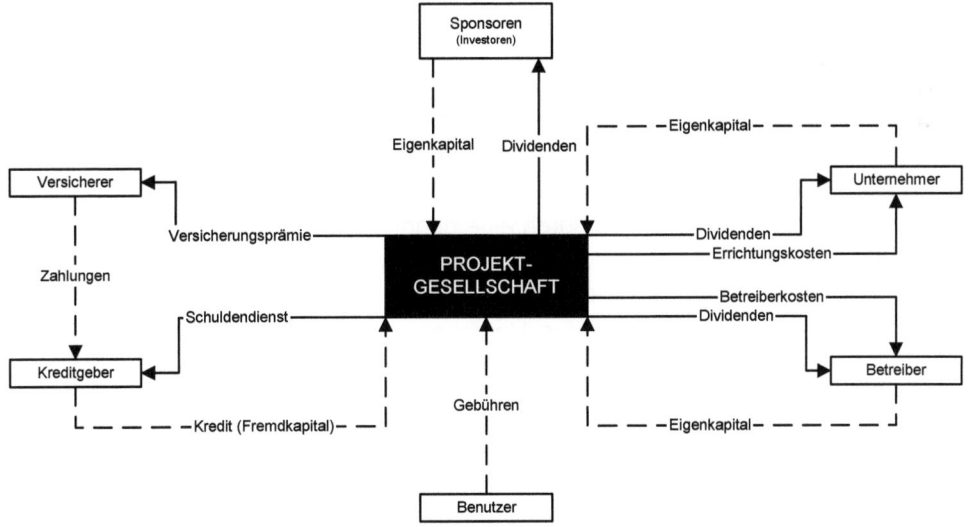

Abbildung 2-3: BOT Zahlungsströme verändert aus [1]
                (BOT Financial Flows)

2.11.1 Eigenkapital
(Equity Capital)

Das Eigenkapital ist das am niedrigsten eingestufte Kapital im Hinblick auf seinen Rechtsanspruch auf die Aktiva des Projekts. Es stellt die Mittel dar, welche von den Projekteigentümern eingebracht wurden. Erst nachdem alle anderen Projektverpflichtungen erfüllt sind, kann eine Ausschüttung an die Eigenkapitalgeber erfolgen. Dieses Kapital wird auch **Risikokapital** *(Risk Capital)* genannt. Die Eigenkapitalgeber tragen das höchste Risiko, können aber bei einem erfolgreichen Projekt auch die höchsten Gewinne erzielen. Bei einem BOT-Projekt wird die Anlage nach Ablauf der Konzessionszeit i. Allg. kostenlos der Regierung übergeben; d.h. die Rendite der Eigenkapitalgeber kann nur aus den Einnahmen während der Betriebsphase stammen. Deshalb müssen die Vertragsbedingungen eine angemessene Rendite der Eigenkapitalgeber, als größte Risikoträger innerhalb des Projekts, vorsehen. In erster Linie wird das Eigenkapital von den Projektsponsoren oder anderen Investoren, die aktive Interessen am Projekt haben, bereitgestellt.

2.11.2 Fremdkapital
(Debt Capital)

Im Gegensatz zum Eigenkapital ist Fremdkapital (Vorrangige Kredite = *Senior Debt*), das am höchsten eingestufte Kapital; d.h. diese Mittel werden als erstes aus den Einnahmen getilgt. Für den Kreditgeber bergen diese Kredite das geringste Risiko. Die Rendite ist auf Zinszahlungen beschränkt, unabhängig davon, wie erfolgreich das Projekt ist. Geringeres Risiko wird durch eine geringere Rendite ausgeglichen. Es gibt keine bestimmte Regelung für ein optimales Verhältnis von Fremdkapital zu Eigenkapital, da sich dieses von Bereich zu Bereich und von Land zu Land ändert. Je höher die Risiken desto geringer das Verhältnis von Fremdkapital zu Eigenkapital. Fremdkapital wird in erster Linie von den Banken zur Verfügung gestellt. Freie Kredite haben meist kürzere Laufzeiten während Exportkredite, welche durch Staatsgarantien gedeckt sind, längere Laufzeiten aufweisen.

2.11.3 Zwischenform
(Mezzanine Capital)

Diese Kapitalform ist ein flexibleres Instrument als das reine Eigenkapital oder Fremdkapital. Es weist Merkmale von beiden vorher erwähnten Finanzierungsmitteln auf. Daraus ergibt sich eine wichtige Kapitalform, dessen Risikoprofil zwischen den anderen beiden liegt. Beispiele dieses Finanzierungsmittels sind **nachrangige Kredite** *(Subordinated Loans)* und Vorzugsaktien *(Preference Shares)*. Beide weisen Eigenschaften von Krediten mit regelmäßigen Zinsen auf, werden aber den Eigenmitteln zugeordnet. Diese Kredite sind den vorrangigen Krediten nachgestellt und müssen erst zurückbezahlt werden, wenn genügend Mittel aus den Projekteinnahmen zur Verfügung stehen. Sind diese Mittel nicht verfügbar, so wird diese Kapitalform wie Eigenkapital behandelt. Dadurch ergibt sich ein zusätzlicher **Eigenkapitalpuffer** für das Projekt, was zu einer höheren Deckung der Kredite und zu geringeren Zinsen des Fremdkapitals führt. Das höhere Risiko im Vergleich zu Fremdkapital wird durch eine größere Rendite ausgeglichen. Die Beschaffung erfolgt meist über Banken oder internationale Fonds.

2.12 Vertragspaket
(Contract Package)

Ein BOT-Projekt umfasst zahlreiche vertragliche Vereinbarungen zwischen den Projektbeteiligten. Das Projekt und seine Finanzierung durch die private Hand prägen die Vertragsgestaltung. Ist das Projekt nicht finanzierbar, dann wird es stillgelegt oder es überlebt nicht lange. Die **Finanzierbarkeit** *(Bankability)* des Projekts darf nicht gefährdet und muss durch entsprechende Vertragsgestaltung möglichst verbessert werden. Bei BOT-Projekten stellt die erforderliche Vernetzung ungleicher Interessen der Projektbeteiligten sehr hohe Anforderungen an die Vertragsgestaltung. Im Hinblick auf die erfolgreiche Realisierung eines Projekts, sollte das Vertragspaket Kooperationsmechanismen anstelle von Streithilfen liefern. Die realen Anforderungen an Betreibermodelle sind zu vielfältig, um eine vertragliche Vereinheitlichung erzielen zu können. Ferner scheitert die standardisierte Lösung möglicher Konflikte aufgrund der Langfristigkeit von Betreibermodellen. Internationale Organisationen haben ihre Bestrebungen rasch wieder aufgegeben. Daher kann und wird es nie einen Standardvertrag oder verwendbare Muster für BOT-Projekte geben [7].

Der wichtigste und herausragendste Vertrag ist der Konzessionsvertrag. Alle weiteren Verträge sind Folgeverträge und entsprechen den üblichen, in wirtschaftlichen Bereichen, verwendeten Formen. Dennoch sind diese in ihrem Zusammenspiel mit dem Konzessionsvertrag zu sehen und müssen eine Einheit bilden. Zusammen definieren sie die Rechte, Pflichten und Risiken jeder Partei. Die Bestimmungen des Netzes zusammenhängender Verträge eines BOT-Projekts müssen konsistent und komplementär sein. Beispielsweise sollten Höhere Gewalt *(Force Majeure)*, Rechtswahl und Beilegung von Streitigkeiten in allen Verträgen einheitlich geregelt werden.

Das Vertragspaket eines BOT-Projekts besteht aus mehreren oft bilateralen Vereinbarungen. Im Zentrum steht die Projektgesellschaft, welche der Vertragspartner für alle Verträge ist. Die anderen Hauptbeteiligten schließen unter sich keine Verträge ab, eventuell z.B. aber mit Subunternehmern.

VERTRÄGE	VERTRAGSPARTNER	
KONZESSIONSVERTRAG	Projektgesellschaft	Regierung
Errichtervertrag	Projektgesellschaft	Hauptbauunternehmer oder Errichterkonsortium
Betriebs- und Wartungsvertrag	Projektgesellschaft	Betreiber
Finanzierungsverträge	Projektgesellschaft	Kreditgeber
Beraterverträge	Projektgesellschaft	Berater
	Regierung	Berater
Gesellschaftervertrag	Projektgesellschaft	Sponsoren
Abnahmevertrag	Projektgesellschaft	Benutzer oder Staat
Versicherunsverträge	Projektgesellschaft	Versicherungen

Tabelle 2-5:   Wichtige Verträge eines BOT-Projekts verändert aus [3]
              (Important Contractual Arrangements of a BOT Project)

2.13   Konzessionsvertrag
(Project (or Concession) Agreement)

Der Konzessionsvertrag, als Kernstück jedes BOT-Projekts beinhaltet die Rechte und Pflichten von Regierung und Projektgesellschaft. Die typischen Vertragspflichten und Vertragsrechte können aus folgenden Punkten bestehen:

Rechte der Regierung:	**Pflichten** der Projektgesellschaft:
❑ Anspruch auf ordnungsgemäße und fristgerechte Fertigstellung des Projekts.	❑ Planung, Entwicklung, Finanzierung, Errichtung, Betrieb und Wartung des Infrastrukturprojekts während der Laufzeit der Konzession.
❑ Anspruch auf Betrieb des Projekts und Einhaltung eines qualitativen Mindeststandards im Betrieb des Projekts.	❑ Regelmäßige Berichterstattung an die Regierung über Auslastung und Zustand des Projekts sowie über die erzielten Einnahmen.
❑ Anspruch auf Erhaltung des Projekts in gutem Zustand.	❑ Schad- und Klagloshaltung der öffentlichen Hand gegenüber Ansprüchen Dritter aus oder im Zusammenhang mit Errichtung und Betrieb des Projekts, Geltendmachung von Ersatzansprüchen gegen Dritte sowie Beistellung des entsprechenden Versicherungsschutzes für das Projekt.
❑ Mitwirkung bei der Festlegung der Gebühren für die Benutzung des Projekts, sei es durch Festlegungen über Art und Ausmaß der einzuhebenden Tarife.	
❑ Anspruch auf Übertragung des Projekts nach Ende der Konzessionszeit.	❑ Einschulungsverpflichtungen, zumindest gegen Ende der Laufzeit der Konzession, so dass die Regierung das Projekt mit eigenem, von der Projektgesellschaft eingeschultem Personal weiterführen kann.
	❑ Übertragung des Projekts in funktionsfähigem Zustand an die Regierung nach dem Ende der Konzessionszeit.

Abbildung 2-4:   Typische Vertragsrechte der Regierung bzw. Pflichten der Projektgesellschaft bei einem BOT-Projekt verändert aus [7]
(Typical Contractual Rights of the Host Government and Obligations of the Project Company of a BOT Project)

Pflichten der Regierung:	**Rechte** der Projektgesellschaft:
❑ Erteilung der Konzession an die Projektgesellschaft für die Laufzeit der Konzession.	❑ Recht das Projekt zu errichten und zu betreiben.
❑ Bereitstellung der erforderlichen Liegenschaften, Zufahrtsmöglichkeiten usw.	❑ Anspruch auf Benutzung der zum Projekt gehörigen Liegenschaften und sonstigen Einrichtungen für das Projekt.
❑ Zusage und Erhaltung einer Monopol-stellung der Projektgesellschaft, insbesondere mit der Verpflichtung, keine oder nur beschränkte Konzessionen zu erteilen und/oder konkurrierende Projekte nicht zu fördern.	❑ Recht, Gebühren in dem Maß für die Benützung der Infrastruktur einzuheben, wie dies vereinbart ist.
	❑ Anspruch auf einen (zumindest beschränkten Wettbewerb) Wettbewerbsschutz gegenüber gleichartigen Projekten.
❑ Übernahme bestimmter, möglichst klar definierter "politischer" und "hoheitlicher" Risiken mit Verpflichtung, im Risikofall Teile des investierten Kapitals oder bestimmte Ausfälle (Stichwort: hoheitlich erzwungene Tarifreduktion) zu ersetzen.	❑ Allenfalls Anspruch auf sonstige Hilfestellungen der öffentlichen Hand, die von Erleichterungen bei der Projektabwicklung bis hin zu steuerlich wirksamen Maßnahmen reichen können.

Abbildung 2-5:   Typische Vertragspflichten der Regierung bzw. Rechte der Projektgesellschaft bei einem BOT-Projekt verändert aus [7]
(Typical Contractual Obligations of the Host Government and Rights of the Project Company of a BOT Project)

Im folgenden wird ein möglicher Aufbau eines Konzessionsvertrags aufgezeigt. Variationen ergeben sich durch die projekt- und länderspezifischen Bedingungen.

I. GRUNDLAGEN DER KONZESSION

      1. Beteiligte, Einleitende Erklärung und Begriffsbestimmungen
      2. Gewährung der Konzession (Pflichte und Rechte)
      3. Vorausgehende Bedingungen

II. DURCHFÜHRUNG DES PROJEKTS

      1. Errichtung der Anlage
      2. Betrieb und Wartung
      3. Finanzverwaltung (Kosten und Einnahmen)
      4. Übergabe

III. GENERELLE VERPFLICHTUNGEN WÄHREND DER KONZESSIONSZEIT

      1. Generelle Verpflichtungen der Regierung
      2. Generelle Verpflichtungen der Projektgesellschaft
      3. Gemeinsame Verpflichtungen von Regierung und Projektgesellschaft

IV. VERTRAGSBRUCH UND ANDERE NICHTERFÜLLUNGEN

      1. Beendigung des Vertrags
      2. Haftung bei Vertragsbruch
      3. Haftung bei Personenschaden und Sachbeschädigung des Eigentums Dritter

V. ÜBERTRAGUNG VON RECHTEN, FORDERUNGEN UND ÄNDERUNGEN DES ÖFFENTLICHEN SEKTORS

VI. SONSTIGE BESTIMMUNGEN

VII. ANHÄNGE

Tabelle 2-6: Rahmenwerk für Konzessionsverträge verändert aus [1]
            (Framework for Project Agreements)

2.14 Errichtervertrag
(Construction Agreement)

Der Errichtervertrag ist einer der wesentlichen Verträge, der die Projektgesellschaft, die Eigenkapitalinvestoren und die Kreditgeber gefährden kann. Insbesondere sind alle an der zeit-, kosten- und qualitätsgerechten Fertigstellung der Anlage interessiert. Den Sponsoren muss versichert werden, dass Verzögerungen und Kostenüberschreitungen einerseits strengstens überwacht und gesteuert werden, und dass bei Auftreten dieses Risikos der Errichter als Auftragnehmer *(Construction Contractor)* dafür aufkommt. Obwohl das Ausführungs- und Fertigstellungsrisiko normalerweise der Projektgesellschaft und in weiterer Folge dem Errichter zugewiesen wird, ist auch die Regierung an der Regelung dieser Risiken interessiert. Um eine Gefährdung des Projekts verhindern zu können, kann die Regierung durch finanzielle Unterstützung der Projektgesellschaft eingreifen.

2.14.1 Vertragsarten
(Types of Contract)

Der Errichtervertrag wird zwischen der Projektgesellschaft als Auftraggeber *(Owner)* und dem Errichter als Auftragnehmer *(Contractor)* abgeschlossen. Der Totalunternehmervertrag umfasst sowohl Planung als auch Ausführung. Üblicherweise handelt es sich um einen **Vertrag zur schlüsselfertigen Übergabe** *(Turnkey Contract)*, indem der Auftragnehmer die Verantwortung für Vollständigkeit und Funktionsweise übernimmt.

Grundsätzlich eignen sich für BOT-Projekte zwei Preisgestaltungen für die schlüsselfertige Anlage [1]:

◼ **Pauschalpreis** *(Lump Sum (Fixed Price))*

Der Pauschalpreisvertrag bietet der Projektgesellschaft und den Kreditgebern die höchste Sicherheit und wird am häufigsten verwendet. Da sich der Auftragnehmer verpflichtet die betriebsbereite Anlage zu einem fixierten Pauschalpreis herzustellen, trägt er das größte Risiko. Bereits in einem frühen Stadium muss er die Endkosten und den Fertigstellungstermin festlegen. Kann er diese Vorgaben nicht erfüllen, muss er bestimmte vertraglich definierte Strafen bezahlen. Als zusätzliche Motivation ist ein Bonus für frühzeitige Fertigstellung üblich.

◼ **Kombination aus Pauschal- und Einheitspreis**
(Combination of Lump Sum and Measured Unit Price)

Schwierig zu prognostizierende Bauteile aufgrund z.B. unbekannter Geologie können über Einheitspreise abgerechnet werden, während für alle anderen Leistungen eine Pauschale vereinbart wird.

2.14.2 Interessenskonflikt
(Conflict of Interests)

Bei BOT-Modellen kommt es häufig zu **Interessenskonflikten** *(Conflict of Interests)* der Projektbeteiligten. Dies trifft v. a. für das bauausführende Unternehmen und den Hauptausrüster zu, welche meistens in der Projektgesellschaft vertreten sind. In diesen Fällen beabsichtigen beide, mit der Errichtung der Anlage beauftragt zu werden. Ihre Interessen decken sich nicht überall mit den Interessen der Projektgesellschaft. Beispielsweise möchte das Bauunternehmen einen Wettbewerb umgehen, in dem die Erstellung eines risikofreien Errichtervertrags in einem Verhandlungsprozess herbeigeführt wird. Kein Wettbewerb und risikofreie Bedingungen für den Auftragnehmer liegen nicht im Interesse der Regierung, der Kreditgeber oder der Projektgesellschaft. Andererseits ergibt sich durch diese Doppelrolle auch ein bestimmter Vorteil für den Erfolg des Projekts. Dadurch, dass der Auftragnehmer als Mitglied der Projektgesellschaft zum Teil gleichzeitig Auftraggeber ist, wird er aufgrund seiner Eigenverantwortung sehr wohl an der zeit-, kosten- und qualitätsgerechten Fertigstellung der Anlage interessiert sein.

2.14.3 Vertragliche Kernpunkte
(Key Contractual Issues)

Der Errichtervertrag muss im Einklang mit den bereits im Konzessionsvertrag definierten Rahmenbedingungen stehen.

Zu den vertraglichen Kernpunkten gehören [1]:

O Zeitplan *(Timing or Schedule)*

Die Einhaltung des vorgegebenen Zeitplans ist bei BOT-Projekten von besonders großer Bedeutung, weil erst ab Inbetriebnahme der Anlage Einnahmen erzielt werden können, durch die eine Tilgung der Schulden bzw. eine Rückvergütung der Eigenkapitalinvestitionen (Dividenden) ermöglicht wird. Der Zeitplan muss realistisch sein.

O Qualität *(Quality)*

Die genauen Auflagen für die Qualitätssicherung müssen im Vertrag definiert sein. Als Grundlage für die Qualitätsanforderungen können verschiedene vereinbarte Normen dienen. Zur Eigenüberwachung und Durchsetzung der geforderten Qualität wird ein internes Qualitätsmanagement eingesetzt. Dieses wiederum wird stichprobenartig durch einen externen, unabhängigen Berater überprüft. Bei Ausführungs- und/oder Materialmängeln muss nach einem ausgearbeitetem Mängelbehebungsprogramm vorgegangen werden, um die spezifizierte Qualität und Leistung zu erbringen.

O Leistungen *(Performance)*

Die Errichter müssen sich verpflichten, dass die tatsächlich erreichbare Leistung der gebauten Anlage mit den geplanten Leistungsanforderungen übereinstimmt. Nur wenn diese Bedingung erfüllt werden kann, ist die Rentabilität des Projekts gesichert. Für den Fall, dass die Errichter ihren Verpflichtungen nicht nachkommen können, werden vereinbarte Garantien für den Ausgleich der Verluste herangezogen.

O Preisgestaltung und Zahlungen *(Pricing and Payment)*

Der Arbeitsumfang und die Haftungsbedingungen müssen im Errichtervertrag genau definiert sein. Anfallende Kosten für das Risikomanagement, die in den Zuständigkeitsbereich des Auftragnehmers fallen, werden zu den Herstellungskosten hinzugefügt. Die Vergütung der Bauarbeiten erfolgt über Abschlagszahlungen. Der Umfang der erbrachten Bau- bzw. Installationsleistung bestimmt die Größe der Zahlung. Ein festgelegter Prozentsatz (i. Allg. 5 % [3]) wird von der monatlichen Zahlung auf einem Treuhandkonto zurückgehalten und erst bei erfolgreicher Fertigstellung und Überprüfung der Anlage, d.h. nach Abnahme, an den Auftragnehmer übergeben.

O Subunternehmerverträge *(Subcontracting)*

Mögliche Gründe für die Vergabe bestimmter Arbeiten an Subunternehmer sind u. a. der Bedarf spezieller Fachkenntnisse oder Kostenersparnisse durch Heranziehung lokaler Unternehmen. Der Abschluss von Subunternehmerverträgen muss normalerweise von der Regierung und der Projektgesellschaft genehmigt werden. Diese Genehmigungspflicht gilt auch für die Beschaffung der Hauptkomponenten der Anlagenausrüstung. Die Regelung der Haftung des Auftragnehmers für das Versagen seiner Subunternehmer oder Lieferanten ist sehr wichtig, da diese kein direktes Vertragsverhältnis zur Projektgesellschaft haben. Die Regierung ist an der Projektbeteiligung möglichst vieler lokaler Subunternehmer interessiert, vorausgesetzt diese Unternehmen sind wettbewerbsfähig und verlässlich.

O Verfügbarkeit von Ersatzteilen *(Availability of Spare Parts)*

Der Auftragnehmer ist verpflichtet, genügend Ersatzteile zu beschaffen und für das Projekt bereitzustellen. Die Zuweisung des Verantwortungsbereichs der Ersatzteile zwischen Auftragnehmer und Betreiber muss sowohl im Konzessionsvertrag als auch im Errichtervertrag einheitlich geregelt sein.

⊙ Forderungen des Auftragnehmers *(Claims by the Contractor)*

Bei der Errichtung einer Anlage auf Pauschalpreisbasis ist das Kalkulationsrisiko des Auftragnehmers beachtlich. Bei einem schlüsselfertigen Projekt ergibt sich dieses Risiko oftmals aus der Unterschätzung der Arbeiten, die erst nach endgültiger Fertigstellung der Ausführungsplanung ersichtlich sind.

Forderungen für zusätzliche Vergütung und/oder für Verlängerung des Fertigstellungstermins, müssen bei Abweichungen des vertraglich vereinbarten Arbeitsumfangs von der Projektgesellschaft beantragt werden. In welchem Ausmaß die Projektgesellschaft den Arbeitsumfang nach Vertragsabschluss ändern darf, muss im Errichtervertrag genau definiert sein. Der Konzessionsvertrag sollte vorschreiben, unter welchen Umständen das Projekt geändert werden darf und von wem. Die Bereitstellung zusätzlicher Geldmittel für diese Umstände, kann durch die im Konzessionsvertrag eingerichteten Fonds für unvorhergesehene Ausgaben ermöglicht werden.

Der Errichtervertrag sollte einen Regelungsmechanismus für die Handhabung der Forderungsanträge des Auftragnehmers vorsehen. Die Vorgangsweise und Stichtage für die Antragstellung und den Bescheid müssen definiert sein. Wichtig ist, dass trotz Berücksichtigung dieser Anträge die Fertigstellung des Projekts gesichert ist.

2.14.4   Sicherheiten
(Securities)

Da konventionelle Sicherheiten bei den meisten BOT-Projekten unbrauchbar sind, müssen geeignetere Garantien verwendet werden. Es gibt mehrere Möglichkeiten die Leistungen des Auftragnehmers abzusichern. Mittels Verpflichtungsscheinen *(Bonds)* werden die Zahlungsverpflichtungen des Auftragnehmers zugunsten der Projektgesellschaft als Auftraggeber festgelegt.

Üblicherweise werden fünf verschiedene Arten verwendet [1]:

🔒 **Angebotsgarantie** *(Bid (or Tender) Bond)*

Diese ist ein bestimmter Anteil des Vertragspreises und dient als Entschädigung für die Projektgesellschaft, sollte der Auftragnehmer sein Angebot zurückziehen.

🔒 **Erfüllungsgarantie** *(Performance Bond)*

Sollte der Auftragnehmer seinen zu erbringenden Leistungen nicht nachkommen können, ist er, ohne zusätzliche Kosten für die Projektgesellschaft verpflichtet, dafür zu sorgen, dass die Durchführung des Projekts durch einen anderen Auftragnehmer erfolgt.

🔒 **Zurückbehaltung** *(Retention Bond)*

Es kann für den Fall, dass der Auftragnehmer an der Behebung mangelhafter Ausführung oder Materialdefekten scheitert, verwendet werden. Anstelle bei den Abschlagszahlungen jedes Mal einen prozentuellen Anteil zurückzubehalten, verpflichtet sich der Auftragnehmer, für die monatlichen Rückbehalte von ca. 5 % [3] , jeweils eine Bankgarantie in der entsprechenden Summe vorzulegen.

🔒 **Anzahlungsgarantie** *(Advance Payment Bond)*

Diese dient als Sicherheit gegen nicht pflichtgemäß erfüllte Leistungen, wie z.B. Nichtlieferung der Ausrüstung oder Insolvenz des Auftragnehmers, für den Fall, dass der Auftragnehmer im Voraus bezahlt wurde.

🔒 **Mängelgewährleistungsbürgschaft** *(Maintenance Bond)*

Diese dient als Sicherheit der Projektgesellschaft gegen Mängel, die nicht während der Bauzeit und bei der Abnahme ersichtlich waren, sondern erst während der Betriebszeit auftreten.

2.15   Betriebs- und Wartungsvertrag
(Operation and Maintenance Contract)

Wichtig für den Erfolg des BOT-Projekts ist die richtige Wahl eines erfahrenen Betreibers und die Ausarbeitung der Vertragsbedingungen. In den meisten Fällen ist der Betreiber gleichzeitig Mitglied der Projektgesellschaft.

Die Spezifikationen für die betriebliche Leistungsfähigkeit und Qualität der Anlage bzw. die Wartungsvorschriften, welche bereits im Konzessionsvertrag vereinbart wurden, gelten auch für den Betriebs- und Wartungsvertrag. Dasselbe gilt für die bereits festgelegten Übergabebestimmungen.

Sollte die Betreibergesellschaft ihre garantierten operativen Leistungen nicht erreichen, so muss sie mit einer Strafe rechnen. Übertrifft sie ihre garantierten Leistungen, so bekommt sie eine Sonderzulage. Ferner verpflichtet sie sich, die Einschulung lokaler Arbeiter zu übernehmen, damit nach Übergabe der Anlage, diese selbständig im Auftrag der Regierung betrieben werden kann. Meist ist ein unabhängiges Schiedsgericht für die Auseinandersetzungen zwischen Projektgesellschaft und Betreibergesellschaft zuständig.

Zu den typischen Vertragsinhalten gehören [1]:

- **Leistungsumfang des Betreibers** *(Scope of the Operator`s Services)*
- **Pflichten der Projektgesellschaft** *(Project Company`s Obligations)*
- **Garantien** *(Warranties and Guarantees)*
- **Kompensation** *(Compensation)*
- **Bucheinsicht** *(Access to Books and Records)*
- **Versicherung** *(Insurance)*
- **Haftung und Entschädigung** *(Liability and Indemnification)*
- **Nichterfüllung und Mängelbeseitigung** *(Defaults and Remedies)*
- **Dauer und Beendigung** *(Term and Termination)*
- **Beilegung von Rechtsstreitigkeiten** *(Dispute Resolution)*
- **Rechtswahl** *(Choice of Law)*

2.16   Finanzierungsverträge
(Financing Contracts and Credit Agreements)

Basierend auf dem Konzessionsvertrag müssen alle Finanzierungsverträge in den Grundsätzen übereinstimmen. Die Finanzsteuerung eines BOT-Projekts ist in den meisten Fällen sehr komplex. Der Grad der Komplexität hängt von der Risikobehaftung des Projekts ab, dem Entwicklungsstand des Gastgeberlandes, dem Eigenkapitalanteil der Sponsoren, dem Unterstützungsgrad der Regierung und von vielen anderen Faktoren.

In einem typischen BOT-Projekt tritt ein Konsortium von Kreditbanken als Kreditgeber für die Bereitstellung des Kredits während der Errichtungsphase, in manchen Fällen auch für die Bereitstellung permanenter Finanzierung auf. Aufgrund des unterschiedlichen Risikopotenzials während der verschiedenen Projektphasen werden mehrere Kreditarten verwendet.

Zu den spezifischen Kernpunkten der Finanzierungsverträge gehören [3]:

- Definition der Vertragsparteien
- Umfang und Zweck des Kredits
- Vorausgehende Bestimmungen in Anlehnung an die Konzession
- Bezug der Mittel
- Gebühren und Zinsraten
- Bestimmungen der Rückzahlung
- Bestimmungen über die Auszahlung der Geldmittel
- Veränderung der Vertragsumstände
- Garantien
- Verpflichtungen der Parteien
- Risikoidentifikation und Zuteilung
- Sicherheitsbestimmungen
- Kontrolle über die Verwendung der Gelder
- Gerichtsbarkeit

2.17   Beraterverträge
(Consultant Agreements)

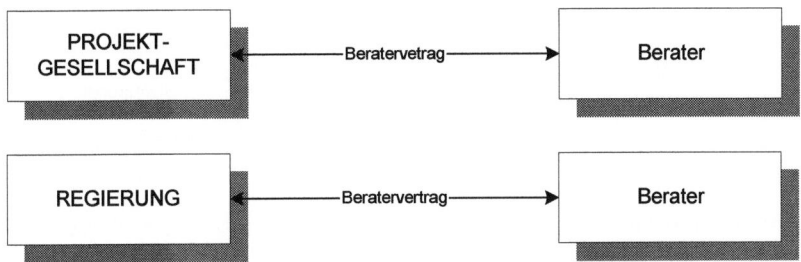

Falls die Regierung zu wenig oder keine Erfahrung auf bestimmten Gebieten hat, die zur Entwicklung eines BOT-Projekts notwendig sind, wird sie verschiedene Berater heranziehen. Auch die Projektgesellschaft wird sich für wichtige Bereiche an Berater wenden. Üblicherweise handelt es sich um technische, wirtschaftliche (finanztechnische) und rechtliche Berater.

Im Interesse der Regierung und der Projektgesellschaft ist die Überwachung der Ausführungsplanung und ausgeführten Arbeiten des Errichters durch einen unabhängigen, externen Berater.

Die Beraterverträge beinhalten im wesentlichen folgende Punkte [1]:

- **Arbeitsumfang** *(Scope of Work)*
- **Qualifikationen und Berufserfahrung der Berater**
  (Qualifications and Professional Experience of Consultants)
- **Beratervertragsart** *(Type of Consultancy Contract)*
- **Entlohnung** *(Pricing and Payment Provisions)*
- **Berufshaftpflicht** *(Professional Liability)*

2.18   Gesellschaftervertrag
(Shareholders` Agreement)

Für die gemeinsame Umsetzung des Projekts schließen sich die aktiven Sponsoren mittels Gesellschaftervertrag, zur Gründung einer Projektgesellschaft, zusammen. Passive Sponsoren sind z.B. Regierung oder weitere Investoren, die nicht an der Projektabwicklung beteiligt sind.

Der eigentliche Gesellschaftervertrag kann erst nach Abschluss eines Vorvertrages abgeschlossen werden. Die Interessenten müssen sich zu einem Konsortium zusammenschließen, um an der Vorqualifikation teilnehmen zu können. Dieser Vorvertrag enthält alle Rechte und Pflichten der Sponsoren. Die Hauptaufgabe dieses Konsortiums liegt in der Zusammenstellung der Kosten jedes Sponsors und folglich in der Erstellung ihres Angebots. Es besteht die Möglichkeit einzelne Teilnehmer zu entlassen und neue aufzunehmen, falls es z.B. Zweifel darüber geben sollte, ob das Angebot eines Sponsors wettbewerbsfähig ist. Die Vertraulichkeit der geteilten Informationen gehört zu den Pflichten der Sponsoren. Als Folgevertrag der Konzessionserteilung werden alle Bestimmungen direkt übernommen.

Zu den Kernpunkten des eigentlichen Gesellschaftervertrags gehören [3]:

- **Haftungsbestimmungen**
- **Controlling des operativen Bereichs der Projektgesellschaft**
- **Ausschüttung der Gewinne**
- **Gesellschaftsform der Projektgesellschaft**
- **Bestimmungen zur Einbringung des Eigenkapitals**
- **Organisation des Konsortiums**
- **Wahlvorgänge und Abstimmungen**
- **Übertragbarkeit von Anteilen**
- **Aufnahme zusätzlicher Eigenkapitalinvestoren**
- **Rückzug von Investoren**
- **Gerichtsbarkeit und Schiedsgericht**

2.19 Abnahmevertrag
(Off-take Agreement)

Ein wesentliches Kriterium für die Finanzierbarkeit bzw. Überlebensfähigkeit eines BOT-Projekts beruht auf den Einnahmen während der Betriebsphase.

Die grundlegenden Bestimmungen für die Abnahme der produzierten Energie sind bereits im Konzessionsvertrag festgelegt. Die Berechnung des Abnahmepreises erfolgt über eine Formel, die speziell für das jeweilige Projekt entwickelt wird. Meistens schließt die Projektgesellschaft bei einem Wasserkraftwerksprojekt eine Energie-Abnahme-Vereinbarung mit einer staatseigenen Energieversorgungs-gesellschaft ab.

Üblicherweise garantiert die Regierung die Zahlung einer Mindestgebühr auf *„take-or-pay"* Basis, d.h. sie bezahlt den vereinbarten Preis für die geleisteten kWh, unabhängig davon, ob sie die erzeugte Energie abnimmt oder nicht, solange die Projektgesellschaft die vereinbarte Mindestenergieerzeugung einhalten kann. Die Kreditgeber möchten davon ausgehen können, dass durch die vereinbarte Mindestgebühr, die Aufrechterhaltung des Projekts und die Deckung der Schulden gewährleistet ist. Ist diese Bedingung nicht gegeben, so werden sie darauf bestehen, dass eventuelle Fehlbeträge durch weitere Kredite oder Subventionen gedeckt werden müssen.

2.20   Versicherungsverträge
(Insurance Contracts)

Bei BOT-Projekten bedarf es eines umfangreichen Versicherungsschutzes, einschließlich Unfall-, Haftpflicht-, und oftmals Betriebsunterbrechungsversicherung. Die Regierung und Kreditgeber müssen entscheiden, ob die anfallenden Versicherungskosten, welche zu den Projektkosten addiert werden, gerechtfertigt sind oder ob sie sich für eine andere Schadensdeckungsmethode entscheiden. Die Kostenwirksamkeit sollte auf jeden Fall überprüft werden. Variationen der Versicherungsverträge sind projekt- und risikospezifisch bedingt.

Folgende Kernpunkte sollten enthalten sein [3]:

O   **Angabe des Versicherers und des Versicherten**
O   **Versicherungsdauer**
O   **Vorausgehende Abgrenzungen und Spezifikationen**
O   **Versicherte Schadensereignisse**
O   **Versicherte Schadenssummen**
O   **Prämienzahlungen**
O   **Restriktionen und Ausnahmebedingungen**
O   **Generelle Bestimmungen und Notizen**

3. Fallbeispiel *(Case Study)*
Das Wasserkraftwerk BIRECIK DAM & HEPP in der Türkei

3.1 Südostanatolien-Projekt
(South East Anatolia Project)

Die Türkei ist ein Land, das von seinen großen wirtschaftlichen Gegensätzen geprägt ist. Aufgrund der erheblichen Diskrepanzen zwischen dem in den ländlichen Regionen und Großstädten erwirtschaftetem Bruttosozialprodukt, ergibt sich folgender Teufelskreis: einerseits kommt es zur Landflucht, mit der ein weiterer wirtschaftlicher Rückgang der Regionen einhergeht und andererseits zur Überbevölkerung in den Großstädten und den daraus resultierenden Problemen, wie Wohnraumnot, Verkehr und Arbeitslosigkeit.

Aus diesem Grund sah sich die türkische Regierung gezwungen, vor allem Südostanatolien ökonomisch zu stärken, und es wurde das Südostanatolien-Projekt *(Güneydogu Anadolu Projesi*, abgekürzt **GAP)** entwickelt. Dieses Projekt sieht sowohl die Verbesserung der (land) wirtschaftlichen Struktur der Region durch eine ausreichende Bewässerung als auch die Verbesserung der Infrastruktur, insbesondere der Energieversorgung vor.

Der Südostanatolien-Plan umfasst eine Gesamtfläche von ca. 75.000 km². Das entspricht etwa einem Zehntel der Fläche der Türkei. In den Bereichen der Flüsse Euphrat und Tigris sollen ca. 17.000 km² Land bewässert werden. Um dieses Ziel zu erreichen ist die Errichtung von 22 künstlichen Speicherseen als Hochwasserrückhalt und Basis einer jahresdurchgängigen Bewässerung vorgesehen. Insgesamt sollen 19 Großkraftwerke in Kombination mit diesen Speicherseen jährlich 27.000 GWh elektrische Energie erzeugen [8].

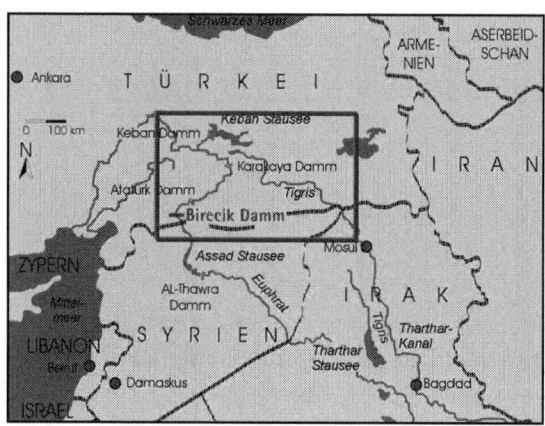

Abbildung 3-1:   Übersichtskarte - GAP Bereich [8]
                  (General Map – GAP Region)

Die Kraftwerkskette am Euphrat dient der Energieproduktion, Bewässerungszwecken und dem Hochwasserschutz [12]:

◎ **E:** *Energy*
◎ **I:** *Irrigation*
◎ **F:** *Flood Control*

Sie besteht aus den 5 Staustufen: Keban, Karakaya, Atatürk, **BIRECIK** und Karkamis.

		Keban		Karakaya		Atatürk		BIRECIK		Karkamis
Stauziel	m	845,00		693,00		542,00		385,00		340,00
Speicher Gesamtvolumen	Mio. m³	30.700		9.580		48.700		1.120		157
Speicher Nutzinhalt	Mio. m³	16.300		5.580		19.300		620		0
Ausbauwassermenge	m³/s	1.080		1.182		1.746		1.900		1.900
Installierte Leistung	MW	1.240		1.800		2.400		672		180
Jahresarbeit	GWh	5.800		7.500		8.900		2.500		650
Anzahl Maschinensätze	-	8		6		8		6		6
Entfernung	km		166		180		100		32	
Inbetriebnahme	Jahr	1979		1987		1990		2001		2000

Tabelle 3-1:   Kraftwerkskette am Euphrat verändert aus [8]
               (Cascade of Power Plants on the Euphrates)

3.2   Euphrat-Kraftwerk Birecik
(Euphrates Barrage at Birecik)

Das vorgestellte Staudammprojekt, bei dem ich in den Sommermonaten 1999 die Möglichkeit hatte mitzuarbeiten, liegt am Euphrat, der die Landesgrenze zwischen Sanli Urfa und Gaziantep bildet. Das Kraftwerk befindet sich im südöstlichen Teil der Türkei ca. 30 km von der syrischen Grenze entfernt. Unterhalb des bereits 1990 fertiggestellten „Taktgebers" Atatürk liegt diese Staustufe und bildet einen Teil des Südostanatolien-Planes, der Industrieansiedlungen und Bewässerungssysteme vorsieht. Neben der energie-wirtschaftlichen Nutzung sind daher auch Wasserentnahmen zu Bewässerungszwecken vorgesehen.

3.2.1   Planung
(Design)

Der Planer Verbundplan hatte zunächst aus dem vorliegenden *Basic Design* das *Final Design* unter Berücksichtigung weiterer Erkenntnisse aus zusätzlichen Voruntersuchungen zu erstellen. Eine weitere Aufgabe des Planers ist die Ausführung der Detailplanung.

Die Gesamtlänge des Sperrenbauwerkes – eine Betonschwergewichtsmauer mit rechts und links anschließenden Schüttdämmen mit Innenkerndichtung – beträgt 2.510 m. Die maximale Dammhöhe über der Aufstandsfläche ist 62,5 m. Die Kronenhöhe liegt bei 389,5 m *a.s.l.* und das Stauziel ist 384,0 m *a.s.l.* Die Hochwasserentlastungsanlage besteht aus 10 Segmentverschlüssen 12,5 x 14,7 m und 5 Tosbecken und ist auf ein maximales Hochwasser von 17.353 m³/s ausgelegt. Die Grundablässe (4 Schütztafeln 2 x 4 m) sind in der Wehranlage integriert und leisten bei Absenkziel 640 m³/s. Die Bestückung des Krafthauses besteht aus 6 Francisturbinen mit vertikaler Achse und Nennleistung von 6 x 112 = 672 MW. Der Durchmesser der Triebwasserführung beträgt 8,4 m. Im Regeljahr werden bei einer Bruttofallhöhe von 44,65 m 2.500 GWh erzeugt. Die Mittelwasserführung beträgt 963 m³/s, die Ausbauwassermenge ist 6 x 318,76 = 1.900 m³/s.

Ursprünglich wurden folgende Hauptmassen für den Rohbau ermittelt [14]:

- 13 Mio. [m³] Aushub alluvialer Ablagerungen
- 1 Mio. [m³] Felsaushub
- 12 Mio. [m³] Flussbaggerung
- 8,5 Mio. [m³] Dammschüttung
- 1,75 Mio. [m³] Beton
- 20.000 [t] Betonstahl
- 125.000 [m] Bohrarbeiten (Injektionen, Ankerungen, Drainage)

Entsprechend der Voruntersuchung und dem Final Design, welches die Vertragsgrundlage für die Errichtung der Anlage bildet, sollte das Sperrenbauwerk und Kraftwerk Birecik durchgehend auf Kalk-Mergel gegründet sein. In den damaligen Aufschlüssen wurden keine Karsterscheinungen bemerkt. Auch der Stauraum ist in diese Formation eingebettet, wodurch eine hohe Wasserdichtheit angenommen wurde. Es sind daher auch keine Dichtmaßnahmen im Rückstaudamm vorgesehen [11].

Abbildung 3-2:   Kraftwerksstandort – Fertiggestellte Anlage [8]
                  (Power Plant Location – Completed Project)

ENERGIE & WASSERWIRTSCHAFT*(ENERGY & WATER INDUSTRY)*

Installierte Leistung *(Installed Capacity)*	672 MW in 6 Maschinensätzen	
Jahresarbeitsvermögen *(Annual Capability)*	2.500	GWh
Ausbauwassermenge *(Design Discharge)*	1.900	m³/s
Bruttofallhöhe *(Gross Head)*	44,65	m
Gesamtinhalt des Speichers *(Total Storage Capacity)*	1.200	Mio. m³
Nutzinhalt des Speichers *(Effective Storage Capacity)*	622	Mio. m³

DAMM *(DAM)*

Schüttdamm mit Erdkern sowie Schwergewichtsmauer *(Sand-gravel Fill with Clay Core and Concrete Gravity)*

Max. Höhe über Fundament *(Max. Height above Foundation)*	62,5	m
Gesamtlänge *(Total Length)*	2.510	m
Länge Schüttdamm rechtsseitig *(Length of Right Embankment Dam)*	557	m
Länge Schüttdamm linksseitig *(Length of Left Embankment Dam)*	1.461	m

WEHRANLAGE *(SPILLWAY)*

10 Felder mit Stahl-Radialschützen *(10 Mechanically Operated Radial Gates)*

Max. Gesamtdurchfluss *(Design Flood Discharge)*	17.353	m³/s
Spannweite*(Span Width)*	12,5	m

TURBINEN *(TURBINES)*

6 Francisturbinen mit vertikaler Welle *(6 Francis Turbines with Vertical Axis)*

Nennleistung *(Installed Capacity)*	112	MW
Nennfallhöhe	44	m
Drehzahl *(Rated Speed...rpm)*	107	upm

GENERATOREN *(GENERATORS)*

6 Drehstrom-Synchron-Generatoren mit Wasserkühlung

Nenn-Scheinleistung *(Rated Capacity)*:	140	MVA
Nenn-Leistungsfaktor *(Power Factor)*	0,9	
Nennspannung *(Rated Voltage)*	15,75	kV
Drehzahl *(Rated Speed...rpm)*	107	upm

HAUPTTRANSFORMATOREN *(TRANSFORMERS)*

3 Dreiwicklungs-Transformatoren (je 2 Generatoren, 1 Transformator)

Nennspannung *(Rated Voltage)*	15,75/400	kV
Nennleistung *(Rated Continuous Capacity)*	280	MVA

ABGEHENDE LEITUNGEN *(OUTGOING LINES)*

	3 x 380	kV
	1 x 154	kV
	1 x 30	kV

Tabelle 3-2:   Energiewirtschaftliche und Technische Daten verändert aus [8]
                      (Energy Economical and Technical Data)

3.2.2   Projektentwicklung
(Project Development)

Bereits im Jahr 1970 wurden die ersten Vorarbeiten für das Kraftwerk Birecik durchgeführt. 1982 – 1984 wurde eine Machbarkeitsstudie *(Feasibility Study)* ausgearbeitet, auf deren Grundlage ein Ausschreibungsprojekt erstellt wurde. Da aber die Finanzierung aus dem Budget aufgrund von Haushaltsengpässen der türkischen Regierung nicht verwirklicht werden konnte, entschloss man sich schließlich für die Errichtung des Projekts seitens einer privaten Firmengruppe gemäß eines BOT-Modells. Ein langer Atem über ca 10 Jahre war für diese Firmengruppe (Sponsoren), die sowohl als Investoren als auch als Ausführende agieren, notwendig. Die Unterzeichnung des Konzessionsvertrags *(Implementation Contract)* mit der türkischen Regierung benötigte 7 Jahre und weitere 3 Jahre bis zum Baubeginn.

Als erstes Großprojekt in der Türkei, das nach einem BOT-Modell verwirklicht wird, waren umfangreiche Vorarbeiten notwendig um die Voraussetzungen für die Durchführung zu schaffen. Zuerst mussten die Rahmenbedingungen von türkischer Seite durch entsprechende Gesetze geschaffen werden. Zudem waren über 40 verschiedene Verträge, die für einen Vertragsabschluss erforderlich waren, seitens der Investoren vorzubereiten. Zu den wichtigsten gehören der Konzessions-, Wassernutzungs-, Energieabnahme-, Errichter-, Betriebsführungs- und Wartungsvertrag und nicht zuletzt die Finanzierungsverträge, wobei u. a. 44 Banken aus zehn Ländern als Kreditgeber gefunden werden mussten. Das Aufsetzen der Verträge und die Verhandlungen mit den Vertragspartnern dauerten sehr lange und wurden immer wieder von Ereignissen wie z.B. Änderung der Regierung oder durch den Golf-Krieg unterbrochen. Insbesondere, wenn neue Hindernisse die Verwirklichung des Modells zu gefährden schienen, mussten immer wieder neue Lösungsmöglichkeiten gesucht werden. Letztendlich konnten die Verhandlungen zu einem erfolgreichen Abschluss gebracht werden [11],[15].

3.2.3 Standards für die Kraftwerksplanung
(Power Plant Design Standards)

Die Standards für die Kraftwerksplanung sind im Artikel 5 des Konzessionsvertrages (siehe 3.8.2) verankert:

> *...The Company shall construct the Facilities in accordance with the Final Design and the regulations and standards applicable in Turkey and/or regulations and standards in the countries of manufacturers and builders provided that the requirements of latter standards are not inferior to the Turkish standards, all as valid at the time of the Effective Day of this Contract...[16]*

Dem Ausschreibungsprojekt und dem Final Design sind im wesentlichen die türkischen (TS) und amerikanischen US-Standards (ASTM etc.) zugrundegelegt.

Im *Safety Regulations Report* wurden aber mit dem unabhängigen Berater *Coyne et Bellier (COB)* für die Detailplanung der Bauausführung generell die DIN-Normen vereinbart. Diese Normen decken grundsätzlich den gesamten Baubereich ab. Anhand von zwei Beispielen sollen aber vertraglich bedingte Abweichungen dargestellt werden [11]:

① Oberflächenbewehrung der Hochwasserentlastungsanlage:
Zur Rissesicherung (Rissweitenbeschränkung) bei den Massenbetonblöcken der Hochwasserentlastungsanlage ist eine Oberflächenbewehrung erforderlich. Es gibt unterschiedliche Planungsphilosophien bei der Dimensionierung dieses Bewehrungsnetzes. Der türkische *(DSI)* Standard sieht ein Mindestnetz von Ø 14/30 # vor, was wiederum durch die DIN nicht gedeckt ist. Nachdem **laut Errichtervertrag** hier die türkischen Standards zu gelten haben, war der türkische Bauherr nicht bereit, hier die DIN anzuerkennen. Der unabhängige Berater bestand aber auf Berücksichtigung des internationalen Standes der Technik.

Letztendlich wurde ein Mindestoberflächennetz von Ø 20/20 # verwendet, das in den Bereichen großer Wassergeschwindigkeit auf Ø 25/20 # verstärkt wurde.

② Erdbebenbeanspruchung des Krafthauses:

Die Grundlagen für die Erdbebenbemessungen von Krafthäusern sind in der DIN 4149 spezifiziert. Bei diesem Projekt wurde das vereinfachte Verfahren nach Kapitel 8.2 angewendet. Es wurde eine lineare Zunahme der Erdbebenbeschleunigung von der Gründung bis zum Dach angenommen. Der Bericht *„Seismic Hazard Assessment for the Birecik Dam and Hydroelectric Power Plant"* wurde als Grundlage für die max. Bodenbeschleunigung verwendet. In der Türkei sind die Verfahren der DIN 4149 anerkannt und werden auch angewandt. Darüber hinaus gibt es aber konstruktive Regeln die vom Erdbebenforschungsinstitut der türkischen Regierung aufgestellt wurden, und in den *„Specifications for structure to be built in disaster areas"* enthalten sind. Demnach müssen u. a. zusätzliche Bewehrungsbügel in der Nähe von Auflagerknoten, Stützen und Trägern angeordnet werden.

Es ist daher festzuhalten, dass bei einem Wasserkraftwerk nicht alle Bemessungsfälle und –regeln **aus einem Standardwerk** abgeleitet werden können. Es müssen zwischen Berater und Planer Festlegungen getroffen werden, die auch die vertraglichen Randbedingungen berücksichtigen.

Um einen reibungslosen Planungs- und Bauablauf sicherzustellen, müssen diese Sicherheitsstandards vor Planungsbeginn vereinbart werden.

3.2.4   Regelwerke für die Bauausführung
(Standards for Construction)

Das Ausschreibungsprojekt gab technische Spezifikationen aus dem Jahre 1985 vor, denen türkische Normen zugrunde lagen. Um einen hohen Qualitätsstandard und eine wirtschaftliche Bauausführung zu ermöglichen, wurden im Zuge der Projektentwicklung diese Spezifikationen von den Firmen Philipp Holzmann AG und STRABAG Österreich AG auf den neuesten Stand der Technik umgearbeitet. Beim Beton wurden insbesondere die Entwicklung und Erfahrungen aus dem österreichischen Sperrenbau herangezogen.

Bei der Auswahl der Normen wurde auf diejenigen zurückgegriffen, mit denen die ausführenden Firmen bereits gearbeitet hatten. Im wesentlichen waren das DIN- und ASTM- Normen, bzw. ÖNORM beim Beton. Vor allem für lokale Lieferungen galten naturgemäß auch entsprechende türkische Standards.

Die anzuwendenden Regelwerke sind in der technischen Spezifikation angeführt und wurden im Projekt-Qualitäts-Management-Plan zusammengefasst. Im *PQMP* sind auch Ausführungsrichtlinien benannt, die als Arbeitsanweisung für die Baustelle dienen [11].

3.2.5 Qualitätssicherung
(Quality Assurance)

Aufgrund des großen Einflusses der Finanzierungskosten auf die Gesamtinvestitionskosten, war die Bauzeit auf eine möglichst kurze Zeit von 66 Monaten reduziert worden. Deshalb war eine Einhaltung dieser Bauzeit, nur mit Hilfe entsprechender Baustelleneinrichtung und durch ein Management mit einer straffen Baustellenorganisation, zu erreichen. Dementsprechend wurden die Anlagen ausreichend dimensioniert.

Aufgrund der hohen geforderten Leistungen ist die Einhaltung der Qualitätskriterien von erheblicher Bedeutung, insbesondere weil die **Qualitätskontrolle** in Birecik **durch Eigenkontrolle** erfolgt. Hierzu wurde ein eigenes Qualitätsmanagementsystem eingeführt. Sämtliche qualitätsrelevanten Abnahmen, Laboruntersuchungen und sonstige Prüfungen werden von den Bauausführenden durchgeführt und in Form einer umfangreichen Dokumentation zusammengefasst. Die dokumentierten Ergebnisse dienen als Nachweis für die qualitativ einwandfreie Herstellung des Bauwerks.

Neben der Qualitätsüberwachung wurde von Anfang an auf eine ausreichende Schulung des inländischen Personals geachtet, da bei der Durchführung der Arbeiten zur Gänze türkische großteils ungelernte Arbeitskräfte eingesetzt wurden. Für die türkischen Arbeitskräfte wurden spezielle Schulungen für Schalungs- und Betonierungsarbeiten durchgeführt, da der Einsatz von modernen Geräten einerseits und die Einhaltung eines hohen technischen Standards andererseits nicht den landesüblichen Bauausführungen entspricht. Der Einsatz von Polieren und Meistern aus Österreich und Deutschland waren für das Anlernen und Überwachen der Arbeiten von großer Bedeutung.

Die selbst erarbeiteten technischen Spezifikationen sowie die getroffene Auswahl der Regelwerke hat sich sehr bewährt. Auf diese Weise konnten die erzielten Erfahrungen von früheren Sperrenbaustellen optimal und auch wirtschaftlich umgesetzt werden, wobei gleichzeitig die Einhaltung eines hohen Qualitätsstandards gegeben war [10].

3.2.6   Projektphasen
(Project Phases)

❏ **Entwickeln**

1986	Erste Wirtschaftlichkeitsstudie
1993	Unterzeichnung des Konzessionsvertrages mit der türkischen Regierung
1995 (Feb.)	Gründung der Projektgesellschaft
1995 (Sep.)	Kreditsyndizierung

❏ **Ausführen** *(Build)*

1996 (Apr.)	Baubeginn
2001 (Okt.)	Fertigstellung

Der 4. April 1996 wurde als Rechtswirksamkeitsdatum *(Effective Date)* aller Verträge festgelegt. Der offizielle Baubeginn *(Commencement Day)* war etwas später. Jedoch begannen die ausführenden Bauunternehmen bereits 2 Jahre davor auf eigenes Risiko mit Arbeitsvorbereitungen und 5 Monate davor mit den Vorarbeiten.

Dieser Vorsprung wird nicht in die vereinbarten 66 Monate Bauzeit eingerechnet [b].

❏ **Betreiben** *(Operate)*

2001 - 2016
Der aktuelle Zeitplan sah vor, dass die letzte Maschine am 3. Oktober 2001 in Betrieb gehen sollte, was auch eingehalten wurde. Mit diesem Datum begann die 15-jährige Konzessionszeit zu laufen. Die erste Maschine ging offiziell am 26. August 2000 in Betrieb was einer etwas mehr als 2 Monate früheren Inbetriebnahme entsprach. Bis Ende des Jahres 2000 waren bereits 3 Maschinen am Netz.

Diese vorzeitige Inbetriebnahme bedeutete natürlich auch, dass früher Strom in das Netz eingespeist werden konnte [d].

❏ **Übergeben** *(Transfer)*

2016	Übergabe an den türkischen Staat

Derzeit kann noch nichts über eine eventuelle Verlängerung des Betriebsführungsvertrages gesagt werden. Nach 15 Jahren werden die Aktien bzw. die gesamte Anlage zum „Nulltarif" an die türkische Regierung übergeben. In den letzten Jahren erfolgt eine Schulung für das zukünftige Betreiberpersonal.

Diese Kosten sind im Betreiberhonorar der *VBOC* inkludiert [a].

3.3 Projektbeteiligte
(Project Parties)

Die Vielzahl an Projektbeteiligten wird in Abbildung 3-3 veranschaulicht.

☻ **Türkische Regierung** *(MENR...Ministry of Energy and Natural Resources)*

Im Konzessionsvertrag wird der türkische Staat durch das Energieministerium vertreten. Das Schatzamt *(UTFT...Undersecretariate of Treasury and Foreign Trade)* ist in erster Linie für die finanzierungsrelevanten Garantieen zuständig.

Zu den staatseigenen Unternehmen gehören:
- ☾ Türkische Wasserbehörde *(DSI...Devlet Su Isleri)*
- ☾ Türkisches Energieversorgungsunternehmen
  (TEAS...Türkiye Elekrik Üretim Iletim A.S.)

Die türkische Regierung garantiert die Stromabnahme und stellt zusätzlich Geldmittel aus einem Energiefonds zur Verfügung, aus dem Ereignisse „Höherer Gewalt" und Kostenanteile für Steuern und Abgaben beglichen werden [10].

Υ **Sponsoren** *(Birecik Group)*

1987 erhielt das auserwählte internationale Bieterkonsortium, unter der Führung von Philipp Holzmann AG die Auftragserteilung für die Umsetzung des Projekts auf BOT-basis. In weiterer Folge gründeten sie eine private Projektgesellschaft *(BC...Birecik Company* oder *Birecik A.S... Birecik Baraj ve Hidroelektrik Santrali Tesis ve Isletme A.S.)*

🏛 **Projektgesellschaft** *(Birecik Company)*

Alle Aktivitäten werden von der *Birecik Company* (Aktiengesellschaft nach türkischem Recht) gesteuert, die vom türkischen Staat vertreten durch das Energieministerium den Errichtungsauftrag erhalten hat. Als Konzessionsnehmer ist sie für die Finanzierung, Detailplanung, Errichtung und für den Betrieb der Anlage verantwortlich. In dieser Projektgesellschaft sind die türkische Elektrizitätsgesellschaft *(TEAS)* mit 30 %, sowie alle anderen beteiligten Firmen im Verhältnis ihrer Auftragsanteile als Gesellschafter vertreten (siehe Tabelle 3-3). Der Errichtervertrag zur Ausführung des

Projekts durch das Errichter Konsortium und alle weiteren Verträge wurden von ihr abgeschlossen.

⚒ **Errichter Konsortium** *(Birecik Construction Consortium)*

Das Konsortium ist für die Ausführungs- und Detailplanung, allgemeine Bauausführung und Kraftwerksausrüstung (Turbinen, elektrische Ausrüstung, Generatoren und Stahlbauarbeiten) verantwortlich.

Das Konsortium besteht aus folgenden drei Mitgliedern:

- ⚒ **Bauarge** (*CWJV...Civil Works Joint Venture)*
  - ❑ Philipp Holzmann AG aus Deutschland
  - ❑ GAMA A.S. aus der Türkei

  und einem der größten Gesellschafter der Projektgesellschaft, welcher zugleich ausführendes Bauunternehmen ist:

  - ❑ STRABAG AG aus Österreich

- ⚒ **Elektro- Mechanisches Konsortium** (*HEM Group...Hydro-Electrical and Mechanical Consortium)*

- **Planer Verbundplan GmbH** *(VPL)*

  Zu den Aufgaben des internen Planers gehören Ausführungsplanung und Koordination der Arbeiten von *CWJV* und *HEM.* Die Koordination der Bauarbeiten mit den parallel dazu stattfindenden Montagen in den Bereichen Stahlwasserbau, Turbinen- und Elektrotechnik ist eine sehr anspruchsvolle Aufgabe.

Betreiber *(VBOC...Verbundplan Birecik Operation Company)*

Die Betriebsführung und Wartung der fertiggestellten Anlage erfolgt durch die *VBOC* über einen Zeitraum von 15 Jahren.

⚖ Kreditgeber, Versicherer

§ **Berater** *(COB...Coyne et Bellier, LI...Lahmeyer International)*

Coyne et Bellier wurde als unabhängiger Berater zur Überprüfung der Ausführungsplanung und Bauausführung von der Projektgesellschaft beauftragt.

Als technischer interner Berater der Banken wurde *Lahmeyer International* engagiert.

Teilhaber	Bauarge	Elektro- Mechanisches Konsortium	Planung	Weitere Investoren (2%)	Strom-abnehmer (30%)	Türkei	Ausland
Philipp Holzmann AG	16,9%						16,9% Deutschland
STRABAG AG*	8,4%						**8,4% Österreich**
GAMA A.S.		18,0%				18,0%	
ALSTOM Group**		16,7%					
3,1%							3,1% Belgien
6,8%							6,8% Belgien
3,1%							3,1% Frankreich
3,7%							3,7% Frankreich
VA TECH HYDRO***		3,7%					3,7% Deutschland
Verbundplan GmbH			4,3%				**4,3% Österreich**
TGT A.S.				2,0%		2,0%	
TEAS					30,0%	30,0%	
Summe						**50%**	**50%**

Birecik Company (100%) / Birecik Gruppe (70%) / Errichterkonsortium (68%) / Nationalität

Anmerkung:
*früher: STRABAG Österreich AG

**früher: CEGELEC ACEC S.A. (Elektrische Anlagen)
GEC Alsthom ACEC Energie S.A. (Generatoren)
CEGELEC S.A. (Elektrische Anlagen)
GEC Alsthom Neyrpic S.A. (Turbinen)

***früher: Sulzer Hydro GmbH (Turbinen)

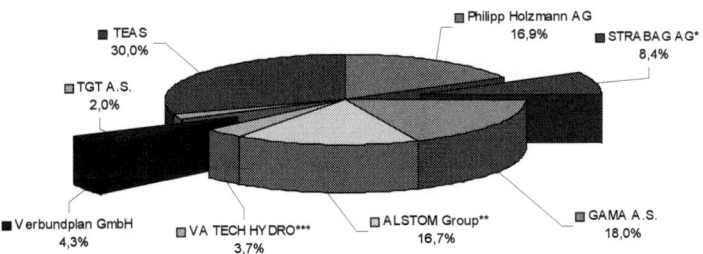

Tabelle 3-3: Eigentümer der Birecik Company entwickelt aus [15]
(Shareholders of the Birecik Company)

3.4   Projektstruktur
(Project Structure)

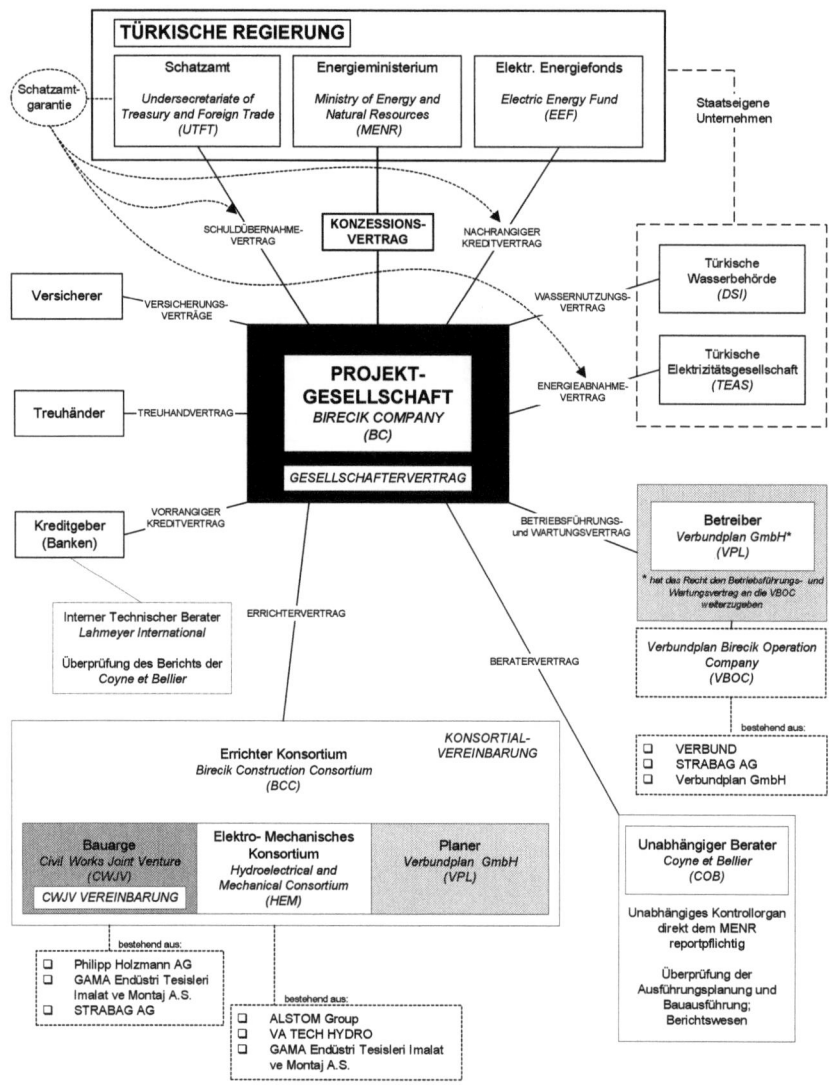

Abbildung 3-3:   Vertragsstruktur entwickelt aus [a]
                  (Contract Structure)

3.5   Projektfinanzierung
(Project Financing)

Wie funktioniert nun dieses BOT-Modell, nachdem das Projekt von einer privaten Firmengruppe (Sponsoren) finanziert, errichtet, 15 Jahre lang betrieben und nach Rückzahlung sämtlicher Kredite und Auszahlung des Eigenkapitals am Ende der Betriebsphase an den türkischen Staat bzw. dessen Organe kostenlos übergeben wird?

Grundsätzlich kann man davon ausgehen, dass eine Abschreibung der baulichen Anlage erst nach ca. 50 Jahren, und die der elektromaschinellen Ausrüstung erst nach ca. 20 Jahren abgeschlossen ist. D.h. Wasserkraftwerke lassen sich erst nach ca. 30 bis 40 Jahren betriebswirtschaftlich darstellen.

Lässt sich das BOT-Projekt Birecik überhaupt zu 100 % aus reiner Stromabnahme binnen der relativ kurzen Betriebszeit darstellen?

- ☹ Betriebswirtschaftlich: NEIN
- ☺ Volkswirtschaftlich: JA

Diese kurze Betriebszeit ist durch die von den Banken geforderte begrenzte Laufzeit der Kredite bedingt. Da sich das Projekt rein aus den Einnahmen der Stromabnahme während der Betriebszeit finanziert, können die Stromabnahmepreise nicht Marktpreisen entsprechen. Aufgrund des großen Einflusses der Finanzierungskosten auf die Gesamtinvestitionskosten, wurde während der Projektentwicklung die Bauzeit auf 5,5 Jahre verkürzt.

DATUM	MONAT	MEILENSTEIN PROGRAMM UND AKTIVITÄTEN
30.01.1995		**Gründung der *Birecik Company (BC)***
18.11.1995		Unterzeichnung der Projekt- und Finanzierungsverträge
04.04.1996	t_0	***Effective Date & Commencement Date***
		Datum der Rechtswirksamkeit aller Verträge und Baubeginn
30.01.1995 - 22.10.1999		Einzahlung des Eigenkapitals (=Aktienkapital) in 8 Stufen
1995 - 2000		*Electrical Energy Fund (EEF)* zahlt Enteignungen
26.08.2000 - 03.10.2001		Die Maschinen gehen in Vollbetrieb und generieren Einnahmen
03.10.2001	COD	***Commercial Operation Date (COD)***
	$= t_0 + 66\ Mo$	D.h. kommerzieller Betrieb des gesamten Kraftwerks
2001 - 2011		Rückführung des Fremdkapitals (=Kredite) *(Senior Debts)*
2011 - 2016		Rückführung des Eigenkapitals (=Aktienkapital) *(Equity)*
02.12.2016	$= COD + (15 \times 12)\ Mo$	**Übergabe an den türkischen Staat**

Tabelle 3-4:   Eckpunkte des Investments verändert aus [8]
             (Milestones of Investment)

15 % der gesamten **Investitionssumme** von rd. **1.157 Mio. €** wird in Form von **Eigenkapital** durch die Gesellschafter aufgebracht. Die restliche Finanzierung (Fremdkapital) konnte durch Exportkredite (um Exportleistungen zu finanzieren) und Freie Kredite (=am Finanzmarkt akquirierte Kredite) gesichert werden. Es wurden Kreditverträge mit **Exportkreditbanken** aus Deutschland, Österreich, Frankreich und Belgien abgeschlossen, die **ca. 60 %** der Investitionssumme mit entsprechend langen Laufzeiten abdecken. **Ca. 20 %** werden mit **Freien Krediten** finanziert, wobei sich an der Syndizierung, die vom Bankenkoordinator der Chase-Bank in London organisiert wurde, insgesamt ca. 44 Banken aus 10 Ländern beteiligt haben. Der **restliche Teil** der Investitionssumme wird durch den vereinbarten **Übergangstarifpreis** *(Interim Tariff Price)* für die **erzeugte Energie** aus dem **Probebetrieb vor** dem **Bauende** abgedeckt [10].

Ähnlich wie bei anderen BOT-Projekten ergeben sich auch hier aufgrund der komplexen Struktur vielfältige Zahlungsströme, jedoch mit folgendem Unterschied: die Gebühren der Benützer fließen nicht direkt in die Projektgesellschaft ein, sondern werden über die Türkische Elektrizitätsgesellschaft *(TEAS)* als Schnittstelle in Form von **staatlich garantierten Tarifen** zugeführt.

In der nachstehenden Abbildung, sind die Kapitalströme, die in das Projekt einfließen durch strichlierte, die Auslagen der Projektgesellschaft durch linierte Pfeile veranschaulicht.

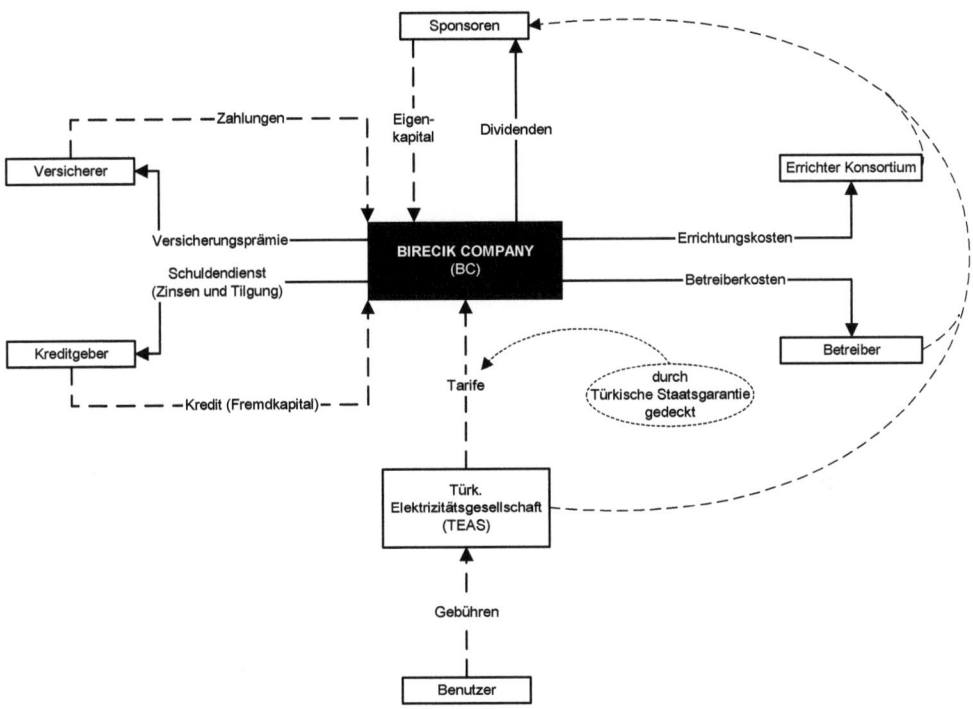

Abbildung 3-4: Zahlungsströme entwickelt aus [a]
                    (Financial Flows)

3.5.1   Gesamtinvestitionskosten
(Total Investment Cost)

Die Gesamtinvestitionskosten betragen 2.262 Mio. DEM bzw. **1.157 Mio. €**. Sie beinhalten sowohl eine **auf deutsche Indizes basierende Steigerung** bis zum Rechtswirksamkeitsdatum *(Effective Date)*, als auch eine erwartete Indexsteigerung bis Ende der Errichtungsdauer. Die erwartete Steigerungsentwicklung wird regelmäßig (monatlich oder vierteljährlich) anhand tatsächlicher Zahlen der deutschen Behörden aktualisiert.

Nicht enthalten sind Kosten für:

* **Enteignungen** *(Expropriation)*
* **Umsiedlungsarbeiten** im Stauraum *(Resettlement Works in the Reservoir)*
* **Einkommensteuer** *(Personal Income Tax)* der ständig im Ausland lebenden Personen
* **Mehrwertsteuer** *("VAT" Added Value Tax)*
* **Zollabfertigung** *(Customs)*
* **Verbrauchssteuer** *(Excise Duties)*

Diese Kosten müssen vom **Energieministerium** *(MENR)* und dem **Elektrischen Energiefonds** *(EEF)* getragen werden, und gehören daher nicht zu den anrechenbaren Kosten, die als Kalkulationsgrundlage des Stromabnahmepreises verwendet werden [15].

Die Gesamtinvestitionskosten setzen sich folgendermaßen zusammen:

	Ausland Mio. €	Türkei Mio. €	**GESAMT Mio. €**
Errichtungskosten *(Construction Cost)*			
Unabhängiger Ingenieur *(Independent Engineer)*			
GESAMTERRICHTUNGSKOSTEN *(Total Construction Cost)*			66%
Birecik Company Kosten *(Birecik Company Cost)*			
Betriebskapital *(Working Capital)*			
Vorläufiger Betrag *(Provisional Sum)*			
GESAMTKAPITALKOSTEN *(Total Capital Cost)*			73%
Finanzierungskosten *(Financing Fees)*			
Zinsen während der Errichtungphase *(Interest during Construction)*			
GESAMTFINANZIERUNGSKOSTEN *(Total Financing Cost)*			27%
GESAMTINVESTIONSKOSTEN *(Total Investment Cost)*			**1.157 Mio. €**

Tabelle 3-5:   Gesamtinvestitionskosten verändert aus [15]
            (Total Investment Cost)

3.5.2   Zahlungsmittelplan
            (Financing Plan)

Die **Projektgesellschaft** ist vorwiegend **Kreditnehmer** *(Borrower)* sämtlicher Kredite und flüssiger Geldmittel *(Credits and Funds).* Die Betriebserlöse während der Bauzeit dienen möglicherweise um die Finanzierungslücke zu schließen. Der Zahlungsmittelplan beinhaltet folgende Finanzmittelquellen:

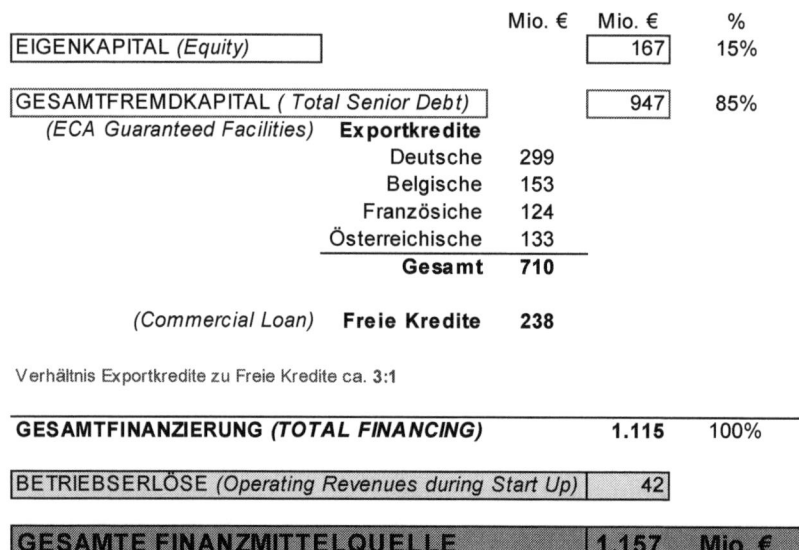

	Mio. €	Mio. €	%
EIGENKAPITAL *(Equity)*		167	15%
GESAMTFREMDKAPITAL *(Total Senior Debt)*		947	85%

(ECA Guaranteed Facilities) **Exportkredite**

	Mio. €
Deutsche	299
Belgische	153
Französiche	124
Österreichische	133
Gesamt	**710**

(Commercial Loan) **Freie Kredite** **238**

Verhältnis Exportkredite zu Freie Kredite ca. **3:1**

GESAMTFINANZIERUNG *(TOTAL FINANCING)*	**1.115**	100%

BETRIEBSERLÖSE *(Operating Revenues during Start Up)*	42

GESAMTE FINANZMITTELQUELLE	**1.157**	**Mio. €**

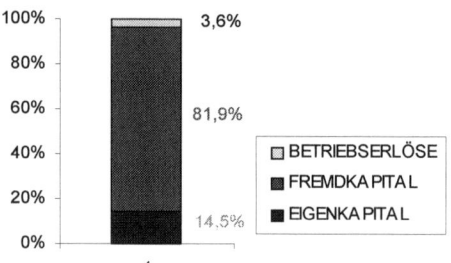

Abbildung 3-5:   Gesamte Finanzmittelquelle verändert aus [15]
                 (Total Sources of Funds)

Vereinbart wurde ein konstantes **Verhältnis von Eigenkapital zu Fremdkapital** mit **15:85**. Die Sponsoren mussten am Tag der Rechtswirksamkeit *(Effective Date)* 25 % ihres Eigenkapitals bereitstellen. Der restliche Betrag war während der Errichtungs-Phase einzuzahlen, um das geforderte Verhältnis von 15:85 aufrechtzuerhalten.

Ereignisse **„Höherer Gewalt"** *(Force Majeure)* werden ausschließlich **von der Türkischen Regierung** durch den Elektrischen Energiefonds *(EEF)* **finanziert**, wozu u. a. der Nachrangige Kreditvertrag *(Subordinated Loan Agreement)* dient.

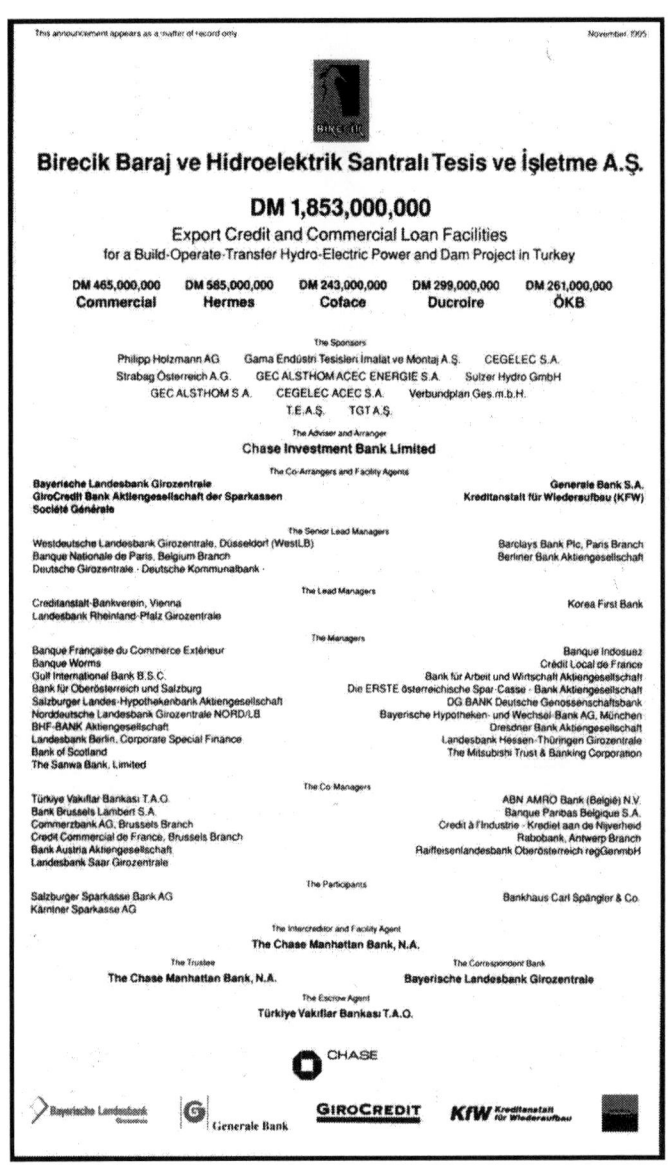

Abbildung 3-6:   Gesamtes Fremdkapital 1.853 Mio. DM bzw. 947 Mio. € [12]
                 (Total Senior Debt)

3.5.3   Kreditrückzahlung
(Repayment of Loans)

Die Rückzahlung der Kredite erfolgt während der 15-jährigen Betriebsphase des Wasserkraftwerks.

Die Konditionen und Grundsätze für die Abnahme der produzierten Energie wurden im **Energieabnahmevertrag** *(Energy Sales Agreement)*, welcher auf der Grundlage: **„Stromabnahme oder Vergütung"** *(take-or-pay)* basiert, verankert.

Vereinbart wurden drei unterschiedliche Stromabnahmepreise, die sich auf die ehemalige DEM beziehen. Maßgeblich für die Berechnung des Tarifs sind das vereinbarte Budget und die zu erzeugende Energiemenge [15]:

🦴 **Grundtarifpreis** *(Base Tariff Price)*

Für jede halbjährliche Budgetperiode wird er nach der folgenden mathematischen Formel ermittelt:

$$BTP = \frac{B}{E}$$

BTP...Base Tariff Price [€/kWh]
B........Budget [€]
E........Menge der Energie entsprechend des halbjährlichen Energieerzeugungsprogramms [kWh]

Das **Budget beinhaltet** sämtliche Kosten für [a]:

⇨ **Management**
⇨ **Betriebsführung und Wartung** *(O & M)*
⇨ **Finanzierung:**
    ✓ Steuern und Fondszahlungen *(Taxes and Fundpayments)*
    ✓ Vorrangiger Schuldendienst *(Senior Debt Service)*
    ✓ Nachrangige Kreditleistungen *(Subordinated Loan Service)* aber nur für Kreditbezüge, die nicht auf ein Verschulden der Projektgesellschaft *(Company Default)* zurückzuführen sind.
⇨ **Ertrag und Eigenkapitalrückführung** *(Return and Equity Repayments)*

Es erfolgt eine regelmäßige Anpassung des Budgets, welches in weiterer Folge bei der nächsten Rechnung angeglichen wird.

ᢆ **Übergangstarifpreis** *(Interim Tariff Price)*

Dieser wurde für die Energieproduktion während der Teilbetriebsphase (Inbetriebsetzung der Turbinen) festgelegt. Er dient zur Einnahme der Betriebserlöse *(Operating Revenues during Start Up)* vor dem eigentlichen kommerziellen Betriebsdatum *(Commercial Operation Date)*. Dieser Fixpreis diente möglicherweise um die Finanzierungslücke zu schließen.

ᢆ **Überschusstarifpreis** *(Excess Tariff Price)*

Liefert das Wasserkraftwerk mehr Energie als das jährliche Energieerzeugungsprogramm *(Annual Energy Production Programme)* vorsieht, so basiert der Stromabnahmepreis auf einem reduzierten Fixtarif. Da laut der mathematischen Formel, der Grundtarifpreis *(BTP)* mit zunehmender Energiemenge E sinkt, bekommt die Projektgesellschaft unter restriktiven Bedingungen einen Bonus in Form eines Zuschlags zum *BTP*.

Der Treuhandvertrag *(Escrow Agreement)* umfasst die Kapitaleinzahlung in die Projektgesellschaft *(Birecik Company)* seitens der Sponsoren.

Eine türkische Bank dient als Treuhänder *(Escrow Agent)*, welche alle Zahlungen in die Projektgesellschaft seitens der Türkischen Elektrizitätsgesellschaft *(TEAS)* in Form von Tarifen, bzw. seitens der Sponsoren, aufbewahrt und flüssige ausländische Geldmittel durch eine Korrespondenzbank im Ausland bereithält.

Der **Tarif** basiert auf einer über die gesamte Betriebsdauer von 15 Jahren, **abnehmenden Staffelung**. Diese Abstufung beruht auf der Notwendigkeit, den **Schuldendienst** (aufgrund des Fremdkapitals) gegenüber den vorrangigen Kreditgebern **innerhalb der ersten 10 Jahre** der Betriebsdauer, auf halbjährlicher Basis abzuleisten.

Deshalb kann eine **Rückführung des Eigenkapitals** der Sponsoren erst nachdem alle anderen Projektverpflichtungen (Fremdkapital) erfüllt sind, d.h. **in den letzten 5 Jahren** erfolgen.

Jene Bereiche der Gesamtinvestitionskosten, welche weder durch Eigenkapital noch durch Exportkredite gedeckt werden, wie beispielsweise die ausgeführten Arbeiten der türkischen Partner, werden mit **Freien Krediten** finanziert. Diese Kredite müssen **innerhalb der ersten 8 Jahre** zurückbezahlt werden.

3.6   Risiken und Sicherheitsmaßnahmen
(Risks and Preventive Measures)

Die nachfolgenden Risikoverteilungen entstanden im Zuge des Gesprächs **mit einem Gesellschafter der Projektgesellschaft.**

GENERELLE RISIKEN	Risikozuordung					
Risikoidentifikation	Regierung	Projektgesellschaft	Errichter	Betreiber	Weitere	Versicherung
Politische Risiken:						
Politisches Unterstützungsrisiko[1]		X	x	x		X (ÖKB)
Steuerrisiko		X	x	x		
Enteignungsrisiko[2]	X					
Konzessionsentzugsrisiko		X[3]	x	x		X (ÖKB)
Zollrestriktionen (aufgrund der Finanzierungsstruktur)		X	x			
Wirtschaftliche Risiken:						
Umtauschbarkeitsrisiko der Währung	gibt es nicht aufgrund der harten Währung DM bzw. €					
Inflationsrisiko		X				
Zinsrisiko		X				
Rechtliche Risiken:						
Gesetzes- und Vorschriftenänderungen		X	x	x		
Durchsetzungsrisiko von Gesetzen		X	x	x		

Zum besseren Verständnis möchte ich einige Punkte der Tabelle kommentieren.

[1]Das politische Unterstützungsrisiko bezieht sich v. a. auf Genehmigungen bei der Behörde.

[2]Unter Enteignungsrisiko sind in dieser Tabelle die erforderlichen Landenteignungen gemeint.

[3]Das Risiko, dass der Projektgesellschaft die Konzession für die Anlage entzogen werden könnte, wurde meines Erachtens nicht richtig zugeordnet. Bei BOT-Projekten sollte, aufgrund der Schadloshaltung, das Konzessionsentzugsrisiko eindeutig der Regierung zugewiesen werden.

Tabelle 3-6:   Zuordnung Genereller Risiken
(Allocation of General Risks)

PROJEKTSPEZIFISCHE RISIKEN	Risikozuordung					
Risikoidentifikation	Regierung	Projektgesellschaft	Errichter	Betreiber	Weitere	Versicherung
Entwicklungsrisiken:						
Vergaberisiken	gibt's nicht; nur im ganz frühem Stadium					
Verzögerungsrisiko der Planung			x			
Genehmigungsrisiken[4]	X	X				
Grenzüberschreitende Risiken	X					
Ausführungs- und Fertigstellungsrisiken:						
Terminüberschreitungsrisiko			x			
Kostenüberschreitungsrisiken			x			
Leistungsnachweisrisiko			x			
Fertigstellungsrisiko		X	x			
Force Majeure Risiko (inkl. Geolog. Risiko)			x[5]			
Haftungsrisiko			x			
Betriebsrisiken:						
Risiko der angeschlossenen Infrastruktur[6]	X	X				
Technische Risiken				x		
Nachfragerisiken	ist nicht gegeben, weil Strombedarf sehr groß ist					
Versorgungsrisiken (z.B. Rohmaterialien)				x		
Kostensteigerungsrisiken				x		
Betriebsführungs- oder Managementrisiken				x		
Force Majeure Risiko		X[7]		x		
Haftungsrisiko				x		

[4]Die Projektgesellschaft teilt die Genehmigungsrisiken insofern, dass sie eigenes Verschulden aufgrund von Formfehlern und falschen Anträgen nicht zur Gänze ausschließen kann.

[5]Die Zuordnung ist meiner Ansicht nach falsch. Das Force Majeure Risiko während der Ausführungsphase sollte eindeutig der Regierung zugeordnet werden. Laut Errichtervertrag ist das geologische Risiko ein anrechenbares Ereignis für „Höhere Gewalt".

[6]Die Projektgesellschaft teilt das Risiko der angeschlossenen Infrastruktur insofern, dass sie auf die vorhandene Infrastruktur, zum Beispiel Straßen und Stromleitungen angewiesen ist.

[7]Diese Zuordnung ist meiner Meinung nach unzutreffend. Das Force Majeure Risiko während der Betriebsphase sollte auch in diesem Fall eindeutig der Regierung zugeordnet werden.

Tabelle 3-7:   Zuordnung Projektspezifischer Risiken
                    (Allocation of Specific Project Risks)

Nachfolgende Risikoverteilung entstand im Zuge eines weiteren Gesprächs **aus Sicht eines Mitglieds des Errichter Konsortiums.**

PROJEKTSPEZIFISCHE RISIKEN	Risikozuordung					
Risikoidentifikation	Regierung	Projektgesellschaft	Errichter	Betreiber	Weitere	Versicherung
Ausführungs- und Fertigstellungsrisiken:						
Terminüberschreitungsrisiko		X	(X)			
Kostenüberschreitungsrisiken		X	(X)			
Leistungsnachweisrisiko		X	(X)			
Fertigstellungsrisiko		X	(X)			
Force Majeure Risiko (inkl. Geolog. Risiko)	X					
Haftungsrisiko		X	(X)			

X......Zuordnung auf Ebene des Konzessionsvertrages *(Implementation Contract)*
(X)...Zuordnung auf Ebene des Errichter Vertrages *(Construction Contract)*

Tabelle 3-8:   Zuordnung Projektspezifischer Risiken entwickelt aus [b]
                    (Allocation of Specific Project Risks)

Die Projektgesellschaft hat keines ihrer zugeordneten Risiken behalten, sondern diese im Zuge des Errichtervertrages 1:1 an das Errichter Konsortium weitergegeben.

Das Risiko der Mengenabweichung (Massenrisiko) trägt das Errichter Konsortium als Auftragnehmer. Beispiele für diesen Fall sind Berechnungsfehler der Kubatur, oder wenn mehr Bewehrung als ursprünglich geplant, eingebaut werden muss. Auch Änderungen des Treibstoffpreises gehören zum Auftragnehmerrisiko.

Der Errichtervertrag basiert auf einem **schlüsselfertigen Pauschalpreis**. Jedes, aufgrund **„Höherer Gewalt"**, verursachte Ereignis muss durch **nachrangige Kredite** finanziert werden, welches infolgedessen zu einem höheren Grundtarifpreis führt (siehe 3.5.3). Mittels **Erfüllungsgarantie** *(Performance Bond)* verpflichtete sich das **Errichter Konsortium** *(Birecik Construction Consortium)* seinen zu erbringenden Leistungen nachzukommen, und im Verzögerungsfall eine **vereinbarte Vertragsstrafe** *(Liquidated Damages)* zu bezahlen.

Das **Marktrisiko** ist durch den, über den Zeitraum von 15 Jahren andauernden, *„take-or-pay"* **Energieabnahmevertrag** *(Energy Sales Agreement)* **entschärft**. Ferner beruht die Kalkulation der **Stromabnahmepreise** *(Tariffs)* auf **vollständig kostendeckender Basis** *(Full Cost Recovery Basis)*.

Es gibt eine **„Risikoabfederung"** während des **Betriebs.** Teilweise wird es **der Türkischen Elektrizitätsgesellschaft** (TEAS) übertragen, welche das Risiko der reduzierten Wasserführung durch einen angepassten Stromabnahmepreis trägt. D.h. es gibt **kein hydrologisches Risiko** für den **Betreiber**. Andererseits ergibt sich eine Milderung durch das jährliche Energieerzeugungsprogramm, das lediglich von einer **45 % Kapazitätsauslastung** ausgeht und aufgrund der Berücksichtigung der geplanten Instandhaltungskosten im Budget.

3.7 Vertragspaket
(Contract Package)

Insgesamt mussten über 40 Verträge entwickelt und verhandelt werden. Im allgemeinen könnte man sie folgendermaßen unterteilen [15]:

§ **Projektverträge** *(Project Contracts)*
§ **Finanzierungsverträge** *(Financial Contracts)*

3.7.1 Projektverträge
(Project Contracts)

In den Projektverträgen sind hauptsächlich die Beziehungen der Vertragspartner hinsichtlich technischen, wirtschaftlichen und allgemeinen Gesichtspunkten geregelt. Nachstehend werden die wichtigsten Verträge aufgelistet:

- **KONZESSIONSVERTRAG (IMPLEMENTATION CONTRACT)**
- **Novellierung 1 & 2 des Konzessionsvertrages**
  (Amendment n° 1 & 2 to Implementation Contract)
  Energieministerium *(MENR)* & Projektgesellschaft *(BC)*
- **Energieabnahmevertrag** *(Energy Sales Agreement)*
  Türkische Elektrizitätsgesellschaft *(TEAS)* & Projektgesellschaft *(BC)*
- **Tarifgarantie der Türkischen Republik** *(Republic of Turkey "RoT" Tariff Guarantee)*
- **Wassernutzungsvertrag** *(Water Utilization Agreement)*
  Türkische Wasserbehörde *(DSI)* & Projektgesellschaft *(BC)*
- **Errichtervertrag** *(Construction Contract)*
  Errichter Konsortium *(BCC)* & Projektgesellschaft *(BC)*
- **Beratungsverträge** *(Consultancy Agreements)*
  Unabhängiger Berater *(COB)* & Projektgesellschaft *(BC)*
- **Betriebsführungs- und Wartungsvertrag & Garantie**
  (Operation & Maintenance Agreement and Guarantee)
  Betreiber *(VPL, VBOC)* & Projektgesellschaft *(BC)*
- **Technischer Beratungsvertrag der Bank und Berichtswesen**
  (Bank Technical Advisor`s Contract and Report)
  Kreditgeber *(Senior Lenders)* & Technischer Berater *(Lahmeyer International Li)*
- **Festlegung und Berichtswesen des Versicherungsberaters**
  (Insurance Advisor`s Letter of Appointment and Report)
  Versicherungsberater *(Insurance Advisor)* & Projektgesellschaft *(BC)*
- **Gesellschaftervertrag** *(Shareholders`Agreement)*
- **Statuten der Projektgesellschaft** *(Articles of Association)*
  A & B & C-Gesellschafter *(A & B & C-Shareholders)*

3.7.2   Finanzierungsverträge
(Financial Contracts)

Die gesamten finanzierungsrelevanten Aspekte zwischen der Türkischen Regierung *(Turkish Government)*, der Projektgesellschaft *(Birecik Company)*, den Exportkreditagenturen *(Export Credit Agencies "ECA")*, den Banken *(Banks)* und den Kreditgebern *(Lenders)* sind in den folgenden Finanzierungsverträgen festgelegt:

- **Vereinbarung Allgemeiner Bedingungen** *(Common Terms Agreement)*
- **Vertrag für Freie Kredite** *(Commercial Loan Agreement)*
- **Kreditvertrag der Deutschen Exportkreditagentur** *(German ECA Facility Agreement)*
- **Kreditvertrag der Belgischen Exportkreditagentur** *(Belgian ECA Facility Agreement)*
- **Kreditvertrag der Österreichischen Exportkreditagentur** *(Austrian ECA Facility Agreement)*
- **Kreditvertrag der Französischen Exportkreditagentur** *(French ECA Facility Agreement)* Kreditgeber *(Senior Lenders)* & Projektgesellschaft *(BC)*
- **Fondszuweisung** *(Assignment of Receivables)*
- **Bankkontenzuweisung** *(Assignment of Bank Accounts)*
- **Treuhandvertrag** *(Escrow Agreement)* Treuhänder (Escrow Agent) & Projektgesellschaft (BC)
- **Nachrangiger Kreditvertrag** *(Subordinated Loan Agreement)* Elektrischer Energiefonds (EEF) & Projektgesellschaft (BC)
- **Garantie des Nachrangigen Kreditvertrages der Türkischen Republik** *(RoT Subordinated Loan Guarantee)* Schatzamt (UTFT) & Kreditgeber (Senior Lenders)
- **Eigenkapital Garantie** *(Equity Payment Guarantee)*
- **Aktienübertragungsvertrag** *(Share Transfer Agreement)* Energieministerium (MENR) & B-Gesellschafter (B-Shareholders)
- **Aktientreuhandvertrag** *(Share Escrow Agreement)* Energieministerium (MENR) & B Gesellschafter (B-Shareholders) & Projektgesellschaft (BC) & Treuhandbank (Escrow Bank)
- **Schuldübernahmevertrag** *(Debt Assumption Agreement)* Schatzamt (UTFT) & Projektgesellschaft (BC)
- **Neuformulierung der Allgemeinen Bedingungen** *(Restated Common Terms Agreement)*
- **Neuformulierung des Vertrages für Freie Kredite** *(Restated Commercial Loan Agreement)*
- **Neuformulierung des Kreditvertrages der Deutschen Exportkreditagentur** *(Restated German ECA Facility Agreement)*
- **Neuformulierung des Kreditvertrages der Belgischen Exportkreditagentur** *(Restated Belgian ECA Facility Agreement)*

📖 **Neuformulierung des Kreditvertrages der Österreichischen Exportkreditagentur** *(Restated Austrian ECA Facility Agreement)*

📖 **Neuformulierung des Kreditvertrages der Französischen Exportkreditagentur** *(Restated French ECA Facility Agreement)*
Kreditgeber (Senior Lenders) & Projektgesellschaft (BC)

📖 **Neuformulierung der Garantie des Kreditvertrages der Türkischen Republik** *(RoT Restated Loan Guarantee)*
Schatzamt (UTFT) & Kreditgeber (Senior Lenders)

3.7.3 Wie konsistent ist das Vertragspaket in sich?
(How consistent is the Contract Package?)

Sind „Höhere Gewalt" *(Force Majeure),* Rechtswahl und Beilegung von Streitigkeiten in allen Verträgen einheitlich geregelt?

⇨ **„Höhere Gewalt":**   **Ja**, 1:1 übernommen aus Konzessionsvertrag für:

    📖 Errichtervertrag
    📖 Betriebsführungs- und Wartungsvertrag

⇨ **Beilegung von Streitigkeiten:**   **Ja**,

entsprechend dem Internationalen Schiedsgericht an der österreichischen Wirtschaftskammer in Wien

⇨ **Rechtswahl:**   **Nein**, ist in jedem Vertrag anders definiert:

📖	Konzessionsvertrag:	Türkisches Recht
📖	Errichtervertrag:	Schweizer Recht
📖	Betriebsführungsvertrag:	Deutsches Recht
📖	Finanzierungsverträge:	(mir unbekanntes Recht)

Trotzdem lässt sich das Vertragspaket aufgrund der gemeinsamen Interessens-schwerpunkte als relativ konsistent bezeichnen [a].

3.8   Konzessionsvertrag
(Implementation Contract)

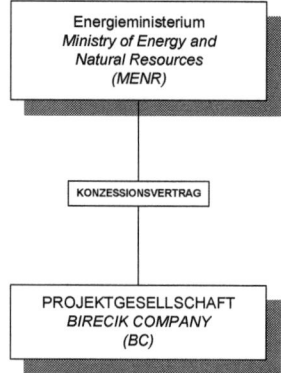

3.8.1   Vertragliche Kernpunkte
(Key Contractual Issues)

○ **ANHANG** *(ANNEX):*

1   **Endgültiger Entwurf / Machbarkeitsbericht** *(Final Design / Feasibility Report)*
2   **Gesamtinvestitionskosten** *(Total Investment Cost)*
3   **Steigerungsformeln** *(Escalation Formulae)*
4   **Tarifkalkulation** *(Tariff Calculation)*
5   **Grundsätze der Schatzamtgarantie** *(Principles of Treasury Guarantee)*
6   **Arbeitszeitplan** *(Work Schedule)*
7   **Arbeitsumfang Ministerium** *(Ministry Scope of Work)*
8   **Art der Bankgarantie** *(Form of Bank Guarantee)*
9   **Stauraumbezogene Zusatzarbeiten** *(Additional Works Related to the Reservoir Area)*
10   **Betriebs- und Wartungsleistungen***(Operation and Maintenance Services)*

○ **ARTIKEL** *(ARTICLES):*

1   **Begriffsbestimmungen** *(Definitions)*
2   **Berechtigung** *(Authorization)*
3   **Berechtigungsdauer** *(Authorization Period)*
4   **Investitionen** *(Investment)*

3.8.2   Ausgewählte Artikel des Konzessionsvertrages
(Selected Articles of the Implementation Contract)

Die Aufgaben der Projektgesellschaft sind im Artikel 2 verankert.

ARTIKEL 2
Berechtigung *(Authorization)*

> *...the Company is authorized by the Ministry to* **design, arrange the financing**
> *for,* **construct, implement** *and* **commission** *the Birecik Dam and Hydro-*
> *Electric Power with 6 Units of 112 MW nominal capacity each...to* **operate** *the*
> *same until the end of...Authorization Period...[8]*

Der nachstehende Artikel legt die Grundsätze für den Entwurf und den Bau fest:

ARTIKEL 5
Entwurfs- und Ausführungsgrundsätze
(The Principles for Design and Construction)

Die Ausführungsplanung *(Final Design)* basiert auf der Machbarkeitsstudie, dem geographischen, topographischen, hydrologischen, geologischen, seismischen und weiteren Daten und Informationen, von denen die Projektgesellschaft die volle Verantwortung übernommen und akzeptiert hat. Diese Daten gelten als zuverlässige Basis der Ausführungsplanung. **Die Projektgesellschaft übernimmt die volle Verantwortung der Ausführungsplanung und aller daraus folgenden Kosten, die aufgrund von Fehlern in diesen Planungen entstanden sind**. Die Projektgesellschaft bestimmt, dass diese Kosten nicht in den Gesamtinvestitionskosten einbezogen werden sollen. Die Projektgesellschaft hat die Anlage entsprechend der Ausführungsplanung und den in der Türkei geltenden Bestimmungen bzw. Standards und/oder laut den Bestimmungen bzw. Standards der Heimatländer der Hersteller bzw. Bauunternehmer zu errichten. Ausgaben von Standards, die nach Inkrafttreten dieses Vertrages erscheinen, sind nicht den türkischen Standards untergeordnet.

Während der Zeit vom Inkrafttreten dieses Vertrages *(Effective Date)* bis zu jenem Tag, an dem die letzte Turbine in Betrieb geht *(Unit Commercial Operation Date of the Last Unit)*, kann das **Energieministerium oder** die **Projektgesellschaft Änderungen der Ausführungsplanung beantragen.**

Jegliche Änderungen *(Changes)*, **welche der Bauauftragnehmer** als notwendig betrachtet, sind mit einer Begründung, den damit verbundenen Kosten, der erforderlichen Änderung des Arbeitszeitplans und/oder Änderungen der Projektdokumente **zur Genehmigung beim Energieministerium einzureichen.**

...[16]

Änderungen der Ausführungsplanung *(Final Design)*, die vom Errichter Konsortium *(BCC)* der Projektgesellschaft *(BC)* vorgeschlagen werden, sind folgendermaßen vorzulegen:

- Technische Darstellung
- Auswirkung auf Preis
- Auswirkung auf den Zeitplan

Diese Änderungen sind von weiteren 2 Instanzen zu genehmigen. Die Projektgesellschaft legt dem unabhängigen Berater *(COB)* den Änderungsvorschlag vor, der diesem zustimmen oder diesen ablehnen kann. Sollte er keine Genehmigung erteilen, so kommt es zu keiner Änderung. Wenn der Berater diesem Vorschlag zustimmt, gibt er diesen an das türkische Energieministerium *(MENR)* weiter, welche in 2. Instanz eine endgültige Genehmigungsentscheidung trifft [a].

Ich vermute, dass sich die meisten Änderungsvorschläge aufgrund des erheblich zeitaufwendigen Genehmigungsverfahren von selbst erübrigten.

Welche Änderungen gegenüber der Ausführungsplanung *(Final Design)* wurden genehmigt?

☒ Der als *Force Majeure* anerkannte **Mehraushub** aufgrund der unabsehbaren geologischen Gegebenheiten
☒ Eine **Reihe von kleinen Änderungen** wie [b]:
   ● Änderung der Fassade des Krafthauses
   ● Fertigteillösungen für Krafthausdach und Stiegen, was sich positiv auf die angestrebte Bauzeitverkürzung auswirkte.

3.9 Gesellschaftervertrag
(Shareholders`Agreement)

Alle Gesellschafter sind so genannte *"B Shareholders"*, mit Ausnahme von der türkischen Elektrizitätsgesellschaft *(TEAS)* und dem weiteren türkischen Investor *(TGT)*. TEAS ist ein *"A Shareholder"* und *TGT* ein *"C Shareholder"*, d.h. ohne Stimmrecht [15].

Am Ende der Betriebsphase werden die Aktien der *"B Shareholders"* an das türkische Energieministerium übergeben.

Rechtsform	Aktiengesellschaft nach türkischem Recht
Aktienkapital (=Eigenkapital)	**15 % der Gesamtinvestitionskosten** Einzahlung nach Baufortschritt Keine Nachschusspflicht
Aktionäre	**30 % TEAS** (Türk. Stromerzeugungs- und Versorgungsunternehmen) **70 % Birecik Gruppe** (Bestehend aus den 10 für Planung, Bau, Lieferung der elektrischen und hydraulischen Ausrüstung, Montage, Test und Inbetriebsetzung verantwortlichen Firmen)
Vorstand	Bestehend aus **7 Mitgliedern** *(Members)* (Nicht vergleichbar mit einem Vorstand nach österr. Aktienrecht)
Management	Bestehend aus **3 Mitgliedern** *(Members)* *(General, Technical and Financial Manager)*

Tabelle 3-9: Rechtsform und Organe der Projektgesellschaft verändert aus [8]
(Legal Form and Organizational Structure of the Project Company)

3.10   Errichtervertrag
(Construction Contract)

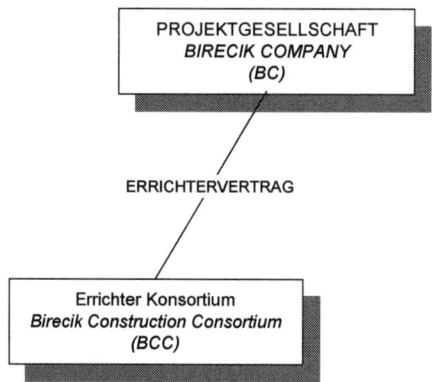

3.10.1   Vertragsart
(Type of Contract)

Der Errichtervertrag *(Construction Contract)* wurde zwischen der **Projektgesellschaft** *(Birecik Company)* als Auftraggeber *(Owner)* und dem **Errichter Konsortium** *(Birecik Construction Consortium)* als Auftragnehmer *(Contractor)* abgeschlossen. Es handelt sich um einen **schlüsselfertigen Pauschalpreisvertrag** *(Lump Sum Turnkey Contract)* **mit Indexsicherung.**

Der **Totalunternehmervertrag** für die schlüsselfertige Anlage wurde im **Verhandlungsprozess** und nicht durch eine Wettbewerbsausschreibung erstellt. Da keine intensiven Preisverhandlungen stattgefunden haben, entsprechen die Preise auch nicht Wettbewerbspreisen und liegen auf der „höheren Seite". Der Endgültige Entwurf *(Final Design)* bildet die Vertragsgrundlage für die Bauausführung. Die Verantwortung für das *Final Design* liegt beim türkischen Energieministerium *(MENR)*, welche diesen genehmigt hat [b].

3.10.2   Vertragliche Kernpunkte
(Key Contractual Issues)

O   ANHANG *(ANNEX):*

1   **Konzessionsvertrag** *(Implementation Contract)*
2   **Arbeitsumfang** *(Scope of Work)*
3   **Zahlungsbedingungen** *(Terms of Payment)*
4   **Arbeitszeitplan für Errichtung** *(Construction Work Schedule)*
5   **Preisaufgliederung** *(Price Breakdown)*
6   **Betriebsführungs- und Wartungspersonal** *(Operation and Maintenance Staff)*
7   **Überprüfung, Probelauf und Leistungsprüfungsbedingungen**
     (Test, Trial Run and Performance Test Conditions)
8   **HEM Ersatzteile** *(HEM Spare Parts)*
9   **Versicherungsprämien** *(Insurance Premiums)*

O   ARTIKEL *(ARTICLES):*

I.   **Interpretationen** *(Interpretations)*
II.   **Arbeitsumfang** *(Scope of Work)*
III.   **Fertigstellungsfrist und Kommerzieller Betrieb**
       (Time for Completion and Commercial Operation)
IV.   **Rechtsanspruch** *(Title)*
V.   **Vertragspreis – Steigerung** *(Contract Price – Escalation)*
VI.   **Zahlungsbedingungen** *(Terms of Payment)*
VII.   **Steuern** *(Taxes)*
VIII. **Arbeitsänderungen** *(Changes in Work)*
IX.   **Überprüfungen, Fertigstellung, Kommerzieller Betrieb und Abnahme**
       (Tests, Completion, Commercial Operation and Acceptance)
X.   **Verantwortung des Auftragnehmers, Arbeitssorgfalt und Haftung für Schäden**
       und Verletzung
       (Contractor`s Responsibility / Care of the Works and Liability for Damages and Injury)
XI.   **Versicherung** *(Insurance)*
XII.   **Gewährleistungszeit** *(Defects Liability)*
XIII. **Patententschädigung** *(Patent Indemnification)*
XIV.   **Vertraulichkeit** *(Confidentiality)*
XV.   **Beendigung und Aufhebung** *(Termination and Suspension)*
XVI.   **Pfandrecht und Forderungen** *(Liens and Claims)*
XVII. **Beauftragung** *(Assignment)*
XVIII. **Übereinstimmung mit dem Recht** *(Compliance with the Law)*
XIX.   **Höhere Gewalt** *(Force Majeure)*
XX.   **Mitteilungen** *(Notices)*

3.10.3 Ausgewählte Artikel des Errichtervertrages
(Selected Articles of the Construction Contract)

ARTIKEL II
Arbeitsumfang *(Scope of Work)*

<u>Allgemein</u> *(General)*
The Contractor, **in accordance with the Final Design** of the Facilities prepared by the Owner, shall provide **on a turnkey basis** all detailed design, engineering, procurement, manufacturing, shop testing, delivery, construction, test run, commissioning and other work and services necessary to attain Commercial Operation of the Facilities which are specified herein and in the Annexes hereto.

...

Each of the Members forming the Contractor shall perform its respective obligations in accordance with the stipulations of this Contract and **each of these firms shall be jointly and severally liable** (gesamtschuldnerisch haftend) for all obligations and liabilities of the Contractor under this Contract.
... *[16]*

Zum Auftragsumfang gehören weiterhin folgende ergänzende Aufgaben [14]:

- ein Injektionsschleier unter der Dammkonstruktion zur Verbesserung der Wasserdichtigkeit des anstehenden Kalkgesteins;
- ein Umspannwerk als Freiluftschaltanlage;
- Nassbaggerarbeiten im Flussbett zwischen dem Damm und der Stadt Birecik, um den gewünschten Abfluss sicherzustellen und als Hochwasserschutz für Birecik;
- eine temporäre Schwerverkehrsbrücke über den Euphrat für die Bauzeit;
- ein Unterkunftsbereich mit 106 Wohneinheiten und zugehöriger Infrastruktur für Bau- und Betriebspersonal;
- die Anbindung der Anlage an das öffentliche Straßennetz.

---

§   *Definition of **Joint and Several Liability** [13]:*

If the Contractor constitutes (under applicable Laws) a joint venture, consortium or other unincorporated grouping of two or more persons:

(a)   these persons shall be deemed to be jointly and severally liable to the Employer for the performance of the Contract;

(b)   these persons shall notify the Employer of their leader who shall have authority to bind the Contractor and each of these person; and,

(c)   the Contractor shall not alter its composition or legal status without the prior consent of the Employer.

Qualitätssicherung und Inspektionen *(Quality Assurance and Inspection)*
Der Auftragnehmer hat Qualitätssicherungs- und Qualitätskontrollprogramme der relevanten Teile der Arbeit gemäß der im Vertrag angegebenen Erfordernisse anzuwenden und sicherzustellen, dass die in den technischen Dokumenten angegebenen Qualitätsanforderungen eingehalten werden.

Der Auftraggeber, das Energieministerium, die Ingenieure der Banken und/oder deren bevollmächtigten Vertreter sind zu allen Zeiten berechtigt die Materialien und die Qualität der Arbeit zu kontrollieren. Der Auftragnehmer hat dem Auftraggeber, dem Energieministerium, den Ingenieuren der Banken und/oder deren bevollmächtigten Vertreter die Möglichkeit zu geben, jegliche Arbeiten und den Fortschritt der Arbeiten am Bau überprüfen zu können. Solche Inspektionen der Werkstätten oder des Baues haben folgendermaßen zu erfolgen, dass der Fortschritt der Arbeiten nicht behindert wird. Eine derartige Inspektion erwirkt kein Erlassen von vertraglichen Verpflichtungen des Auftragnehmers.

Der Auftragnehmer hat dem Auftraggeber einen Plan der Inspektionen und Tests, welche während der Errichtung des Bauwerks zu erwarten sind, in Abstimmung zu den technischen Dokumenten vorzulegen. Der Auftragnehmer hat dem Auftraggeber und dem Energieministerium über die Prüfung und Kontrollmessung von relevanten Materialien und Arbeiten Meldung zu machen. Der Auftraggeber hat dem Auftragnehmer mindestens 24 Stunden vor Beginn der Tests seine Teilnahme mitzuteilen. Wenn der Auftraggeber oder sein bevollmächtigter Vertreter zum angekündigten Termin nicht erscheint, kann der Auftragnehmer die Prüfungen ohne dessen Anwesenheit, jedoch mit gleicher Sorgfalt, durchführen. Im Falle, dass der Auftraggeber an den Tests nicht teilgenommen hat, hat er das besagte Ergebnis zu akzeptieren.

Wenn Gesetze oder Verordnungen einer öffentlichen Institution vorschreiben, dass eine Arbeitsleistung speziell kontrolliert und getestet wird, hat der Auftragnehmer dem Eigentümer rechtzeitig Mitteilung über die Inspektion, mit dem Inhalt des Datums, der Zeit und des Ortes der Durchführung, zu geben. Vom Auftraggeber oder einer solchen Institution angeordnete Inspektionen habe prompt durchgeführt zu werden. Solche speziellen Inspektionen und Tests werden auf Kosten des Auftraggebers ausgeführt.

Wird eine bereits ausgeführte Leistung durch die nachfolgenden Arbeiten verdeckt, so hat der Auftragnehmer eine Abnahme der zu diesem Zeitpunkt noch zugänglichen Teile (wie Fundamente) vom Auftraggeber zu beantragen.

Der Auftragnehmer hat dem Auftraggeber umgehend Mitteilung zu machen, wenn eine Inspektion eines solchen Teiles der Arbeiten durchgeführt werden muss. Der Auftraggeber hat sodann die Prüfung umgehend durchzuführen, es sei denn er betrachtet diese als nicht erforderlich.

...[16]

Entsprechend der ISO 9000 muss der Auftragnehmer einen Qualitätsmanagementplan für das Projekt *(Project Quality Management Plan)* entwickeln. Dieser Plan beinhaltet eine Beschreibung sämtlicher PQM Elemente inkl. allen erforderlichen Flussdiagrammen und Anhängen. Der Auftragnehmer hat jeden 30. des Monats bei der Projektgesellschaft oder bei seinen Vertretern (unabhängigem Kontrollorgan) einen Monatsbericht vorzulegen.

Dieser Qualitätsbericht wird von der Bauarge *(CWJV)* erstellt und enthält folgende Informationen [b]:

- Fortschritt der Arbeiten;
- Derzeitiger Stand der Arbeiten und deren Verlauf;
- Eingesetzte Arbeitskräfte;
- Subunternehmer;
- Die wichtigsten Arbeitsgeräte auf der Baustelle und in den Produktionsstätten;
- Materialien und Gerätschaften, die für längere Zeit am Bauprozess benötigt werden;
- Besondere Termine;
- Bericht der Wetterverhältnisse;
- Diverse Fotodokumentationen über Bauverlauf und Produktionsstätten.

Zu den **Verpflichtungen der Projektgesellschaft** als Bauherr *(Owner)* gehören u. a. [b]:

- ☐ Bereitstellung der Flächen (Grundstücke)
- ☐ Stromversorgung während der Bauzeit
- ☐ Bereitstellung von Wasser
- ☐ Errichtung der Hochspannungsleitungen und anderen Anlagen, die für die Energieübertragung an das nationale Stromnetz notwendig sind
- ☐ Bereitstellung des Telekommunikationsnetzwerks
- ☐ Bereitstellung des Sicherheitspersonals *(Jandarma)*

ARTIKEL III
Fertigstellungsfrist und Kommerzieller Betrieb
(Time for Completion and Commercial Operation)

*The Contractor shall perform the Work...**within 66 months** starting from the effective date of the Implementation Contract...*

*...and shall use his best efforts **to achieve the following Unit Commercial Operation Dates**...*

1. Unit   55 months
2. Unit   57 months
3. Unit   59 months
4. Unit   61 months
5. Unit   63 months
6. Unit   66 months
...

***Total liquidated damages for delay**...are limited to a maximum of...**percent of the Contract Price**...*
...

*If the Contractor achieves Commercial Operation Date prior to 66 months...the Owner shall pay to the Contractor...**a bonus for prompt and timely completion**.*
...[16]

Bei vorzeitiger Inbetriebnahme erhält der Auftragnehmer einen Bonus, der sich aus der Beteiligung der Überproduktion an Strom ergibt. Dieser Bonus wird anteilsmäßig unter den Mitgliedern des Errichter Konsortiums aufgeteilt [b].

Bei der vereinbarten Vertragsstrafe aufgrund Verzug *(Total Liquidated Damages for Delay)* handelt es sich um beachtliche Beträge, gekoppelt aus Zeitverzug und nicht eingehaltener Leistung [a].

ARTIKEL V
Vertragspreis - Steigerung *(Contract Price – Escalation)*

Der Vertragspreis setzt sich aus den Errichtungskosten zusammen. Die Errichtungskosten sind jene Kosten, die das Errichter Konsortium für den schlüsselfertigen Bau des Kraftwerks bekommen hat. Es ist ein indexgesicherter Pauschalpreis, der nur bei **folgenden Ausnahmen** angepasst werden darf [a]:

☒ **Höhere Gewalt** *(Force Majeure)*
☒ **Änderungen** *(Changes)*

Der Vertragspreis, basierend auf der ehemaligen DEM, kann sich außerdem aufgrund der **vertraglich geregelten Gleitformel** ändern.

Womit man allerdings nicht gerechnet hatte war eine Auflassung der deutschen Indizes seitens der deutschen Behörden, und dass keine Überleitung vereinbart wurde. Diese Umstände wirkten sich ungünstig auf das Errichterkonsortium aus [c].

ARTIKEL VIII
Arbeitsänderungen *(Changes In Work)*

Wie werden Änderungen der Ausführungsplanung *(Final Design)* im Hinblick auf das fixierte Pauschalangebot der schlüsselfertigen Anlage berücksichtigt?

Änderungen sind grundsätzlich genehmigungspflichtig. Der Auftraggeber behält sich vor, den Auftragnehmer mit Arbeitsänderungen zu beauftragen. Dieser informiert binnen einer festgelegten Frist den Auftraggeber über die Änderung anhand einer technischen Darstellung und über die Auswirkungen auf Preis und Zeitplan. Unter

Einhaltung der zeitlichen Frist entscheidet der Auftraggeber über die Ausführung der Änderung.

Seitens des Auftragnehmers können auch Änderungen vorgeschlagen werden, die bei Genehmigung des Auftraggebers umgesetzt werden dürfen.

Nach einer Genehmigung werden der Vertragspreis, der Arbeitszeitplan und alle weiteren vertraglichen Pflichten dementsprechend modifiziert [a].

ARTIKEL IX
Überprüfungen, Fertigstellung, Kommerzieller Betrieb und Abnahme
(Tests, Completion, Commercial Operation and Acceptance)

Dieser Teil beschreibt das Abnahmeprozedere mit verschiedenen Probeläufen der Maschinen.

Sollte die geforderte Qualität nicht eingehalten werden, so sind in erster Linie Nachbesserungen zu erbringen und erst in weiterer Folge eine vereinbarte Vertragsstrafe aufgrund der Leistungsminderung seitens des Auftragnehmers zu bezahlen.

Um die Leistungserbringung des Auftragnehmers zugunsten der Projektgesellschaft als Auftraggeber abzusichern, wurden u. a. folgende Zahlungsverpflichtungen des Errichter Konsortiums als **Sicherheiten** vereinbart [b]:

- 🔒 **Erfüllungsgarantie** *(Performance Bond)*
- 🔒 **Zurückbehaltung** *(Retention Bond)*

Der eingezahlte Betrag des Auftragnehmers wird erst nach einwandfreier Vollendung des Bauwerks freigegeben.

ARTIKEL XI
Versicherung *(Insurance)*

Das Errichter Konsortium *(Birecik Construction Consortium)* hatte folgende Versicherungen *(Insurances)* abzuschließen [b]:

- **Versicherung für den Überseetransport** *(Transport Marine Insurance)*
- **Bauleistungsversicherung** *(Contractor`s All Risks Insurance)*
- **Montageversicherung gegen alle Gefahren** *(Erection All Risks Insurance)*
- **Allgemeine Haftpflichtversicherung** *(Third Party Liability Insurance)*
- **Weitere Versicherungen** *(Other Insurances)*
  - **Sozialversicherung für Türkische Arbeiter** *(Social Insurance for Turkish Workmen)*
  - **Berufsunfallversicherung** *(Workmen`s Compensation Insurance)*
  - **KFZ Haftpflichtversicherung** *(Automobile Liability Insurance)*
  - **Berufshaftpflichtversicherung** *(Professional Indemnity Insurance)*

ARTIKEL XII
Gewährleistungszeit *(Defects Liability)*

Hier sind die Gewährleistungsfristen bzw. die **vereinbarten Vertragsstrafen** *(Liquidated Damages)* aufgrund folgender Fälle verankert:

- Zeitverzug
- Nichterfüllung der vorgeschriebenen Leistungserbringung der Maschinen
- Nichterfüllung der Zuverlässigkeit einzelner Teile

Die **Gewährleistungsfrist** wurde mit **12 Monaten** nach Abnahmedatum *(Date of Acceptance)* festgelegt [b].

ARTIKEL XV
Beendigung und Aufhebung *(Termination and Suspension)*

Der **Auftraggeber hat das Recht** den **Vertrag zu beenden**, falls es zu seinem Vorteil ist, oder falls der Auftragnehmer seinen vertraglichen Pflichten nicht nachkommt. Er muss den Auftragnehmer binnen einer vereinbarten Frist verständigen und ihn für seine bisherigen Leistungen und Aufwände entsprechend entlohnen.

Sollte der Auftraggeber die Leistungen des Auftragnehmers **nicht fristgerecht bezahlen**, so darf der Auftragnehmer nach schriftlicher Benachrichtigung des unabhängigen Beraters, seine **Arbeiten** entsprechend reduzieren, **aufschieben oder einstellen** [16].

ARTIKEL XVIII
Übereinstimmung mit dem Recht *(Compliance with the Law)*

*In the performance of Work hereunder, the Contractor at all times **shall comply with any and all Turkish Legal Requirements.**
...[16]*

ARTIKEL XIX
Höhere Gewalt *(Force Majeure)*

Sollte der Auftragnehmer aufgrund „Höherer Gewalt" be- oder verhindert werden, seine Arbeiten ausführen zu können, so hat er nicht für den verursachten Schaden aufzukommen, vorausgesetzt, dass dieses Ereignis kein Folgeereignis seines Verschuldens ist, und es nicht seinem Einflussbereich unterliegt. Dieses Risiko wird nicht vom Errichter Konsortium getragen, sondern wird ausschließlich seitens der türkischen Regierung finanziert. Das besondere an diesem Vertrag ist die Zuordnung des **geologischen Risikos** als Ereignis **„Höherer Gewalt"**.

---

§   *Definition of **Force Majeure** [13]:*

In this Clause, "Force Majeure" means an exceptional event or circumstance:

(a)   *which is beyond a Party's control,*
(b)   *which such Party could not reasonably have provided against before entering into the Contract,*
(c)   *which, haven arisen, such Party could not reasonably have avoided or overcome, and*
(d)   *which is not substantially attributable to the other Party.*

Force Majeure may include, but is not limited to, exceptional events or circumstances of the kind listed below, so long as conditions (a) to (d) are satisfied:

(i)   ***war**, hostilities (whether war be declared or not), invasion, act of foreign enemies,*
(ii)   ***rebellion**, terrorism, revolution, insurrection, military or usurped power, or civil war,*
(iii) ***riot**, comotion, disorder, strike or lockout by persons other than the Contractor's Personnel and other employees of the Contractor and Sub-contractors,*
(iv) *munitions of war, explosive materials, **ionising radiation or contamination by radio-activity**, except as may be attributable to the Contractor's use of such munitions, explosives, radiation or radio-activity, and*
(v)   ***natural catastrophes such as earthquake**, hurricane, typhoon or volcanic activity.*

Im Errichtervertrag *(Construction Contract)* wurden u. a. folgende Punkte ergänzt:

...
(*)   any **archeological or historical findings;**
(*)   any **decision** or application of **any government authority** or institution, which **prevent, impede, delay the fulfillment** of the contractual obligations of the contractor;
(*)   **unforeseeable changes in the geological data** encountered during implementation and different from the ones taken as the basis in the Feasibility Study and Approved Final Design [16].

Die Zuordnung eines bestimmten Ereignisses als „Höhere Gewalt" muss von den Vertragspartnern ausgehandelt und als solches genehmigt werden [b].

Aufgrund einer nicht absehbaren geologischen Störzone war ein größerer Felsabtrag als ursprünglich geplant, für eine tiefere Fundierung erforderlich. Dieser Vorfall wurde seitens dem unabhängigen Überwacher *Coyne et Bellier* als *Force Majeure* Ereignis anerkannt und vom Energieministerium als solches genehmigt [a].

ARTIKEL XXI
Geltendes Recht *(Governing Law)*

The laws that shall govern this Contract shall be **the laws of Switzerland** *[16].*

ARTIKEL XXII
Schiedsgerichtsverfahren *(Arbitration)*

...

...under the Rules of Arbitration and Conciliation of the **Arbitral Centre of the Vienna Federal Economic Chamber***...The* **language of Arbitration** *shall be* **English** *and Arbitration shall take place in Vienna, Austria.*
...[16]

ARTIKEL XXIII
Haftungsbeschränkung des Auftragnehmers
(Limitation of Contractor´s Liability)

Die Gesamthaftung des Auftragnehmers wurde auf **maximal 10 % des Vertragspreises** begrenzt [b].

Die folgenden Inhalte einiger vertraglicher Kernpunkte, der **Konsortialvereinbarung** *(Birecik Construction Consortium Agreement)* und des **Arbeitsgemeinschaftsvertrages** *(Civil Works Joint Venture Agreement)* konnte ich durch mehrfache Gespräche mit Herrn DI Petter gewinnen [b],[c].

Welcher Unterschied besteht zwischen dem Konsortium und dem Gemeinschaftsunternehmen oder Arge *(Joint Venture)* dieses Projekts?

⊙ **Konsortium:**

Jedes der 3 Mitglieder *(Members)* des Konsortiums ist für seine Teilleistung in sich geschlossen verantwortlich. Die Kosten/Gewinn Rechnung ist getrennt.

• **Arge:**

Alle 3 Beteiligten *(Parties)* sind gemeinsam verantwortlich. Daher gibt es auch eine gemeinsame Kosten/Gewinn Rechnung. Sie agieren wie eine eigene Firma, deren Ergebnisse anteilsmäßig aufgeteilt werden, die aber nicht finanztechnisch bilanziert.

3.11   Konsortialvereinbarung

(Birecik Construction Consortium Agreement)

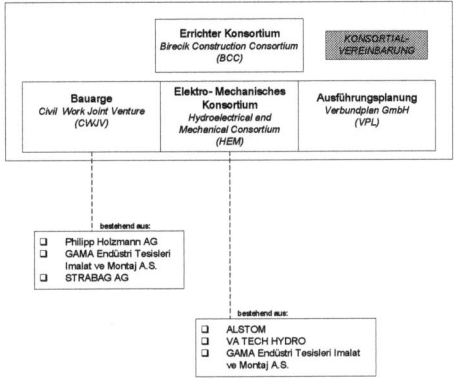

O   ARTIKEL *(ARTICLES):*

1   Begriffsbestimmungen und Zweck *(Definitions and Object)*

2   Arbeitsumfang *(Scope of Work)*

**3   Neue Mitglieder des Konsortiums, Neue Beteiligte der Mitglieder, Subunternehmer
und Sublieferanten**
*(New Members of the Consortium, New Parties of the Members, Sub-Contractors and Sub-
Suppliers)*

4   Zusammensetzung und Zweck des Konsortiums
(Formation and Purpose of Consortium)

5   Exekutivorgane *(Executive Bodies)*

6   Versammlung der Beteiligten und Lenkungsausschuss
(The Assembly of Parties and Steering Committee)

7   Der Konsortialführer *(The Leader)*

8   Projektleitung und Oberbauleitung *(Project Management and Site Management)*

9   Haftung *(Liability)*

10   Anteilsmäßige Aktien *(Proportionate Shares)*

11   Rechnungsstellung und Bezahlung *(Invoicing and Payment)*

12   Kosten und Aufwendungen *(Costs and Expenses)*

13   Garantien und Steuern *(Guarantees and Taxes)*

14   Zuweisung *(Assignment)*

15   Teilweise Ungültigkeit *(Partial Invalidity)*

16   Verschulden und Beendigung *(Default and Termination)*

17   Vertrauliche Informationen, Publikation *(Confidential Information, Publication)*

18   Mitteilungen *(Notices)*

19   Dauer der Vereinbarung *(Duration of Agreement)*

20 **Höhere Gewalt** *(Force Majeure)*
21 **Schriftverkehr** *(Correspondence)*
22 **Schiedsgerichtsverfahren** *(Arbitration)*
23 **Geltendes Recht** *(Governing Law)*
24 **Endgültige Vereinbarung** *(Final Agreement*
25 **Anhänge** *(Annexes)*

Die Konsortialvereinbarung wurde zwischen den folgenden **3 Mitgliedern** *(Members)* abgeschlossen:

⛏ Gesamtschuldnerisch haftende **Bauarge** *(CWJV)*
⛏ Gesamtschuldnerisch haftendes **Elektro- Mechanisches Konsortium** *(HEM Group)*
❑ **Planer Verbundplan GmbH** *(VPL)*

Die **Gesamthaftung** *(Joint and Several Liability)* für die Erfüllung aller Vertragspflichten des Errichter Konsortiums (bestehend aus den 3 Mitgliedern) gilt ausschließlich **gegenüber der Projektgesellschaft.**

Die **einzelnen Firmen** der Mitglieder werden als **Beteiligte** *(Parties)* bezeichnet.

Neue Mitglieder des Konsortiums und die Aufnahme neuer Beteiligter der Mitglieder unterliegen der vorherigen Zustimmung aller Mitglieder. Es gibt keine Genehmigungspflicht der Subunternehmer seitens der Mitglieder; jedoch trägt jedes Mitglied die volle Verantwortung für die Leistungen seines Subunternehmers oder die Lieferungen seines Lieferanten.

Die **Gremien** des Konsortiums werden als **Exekutivorgane** *(Executive Bodies)* bezeichnet:

✝ **Die Versammlung der Beteiligten (3)** *(The Assembly of the Parties)*
✝ **Der Konsortialführer (1)** *(The Leader)*
✝ **Die Projektleitung (3)** *(The Project Management)*
✝ **Die Oberbauleitung (3)** *(The Site Management)*
✝ **Der Lenkungsausschuss (3)** *(The Steering Committee)*

Das oberste Organ ist die **Versammlung der Beteiligten** *(The Assembly of the Parties),* welche durch die Entsendung jeweils eines Vertreters jedes Beteiligten gebildet wird. Sie bestimmt die generelle Politik des Konsortiums und trifft alle erforderlichen Entscheidungen, die auf Projektleiterebene nicht zustandekommen können. In den Sitzungen *(Meetings)* erfolgen die Entscheidungen. Erforderlich sind **einstimmige Entscheidungen** *(Unanimous Decisions)* der anwesenden Beteiligten. Dies hat den Nachteil, dass meistens einer nachgeben muss.

Die Verantwortlichkeiten des **Konsortialführers, Philipp Holzmann AG,** werden in der Vereinbarung genau beschrieben. Er ist der Konsortialbauleiter auf der Baustelle, und u. a. für die Repräsentation des Konsortiums, für Koordinationsaufgaben und Einberufung der Sitzungen zuständig. Diese zusätzliche Aufgabe wird über das Führungshonorar *(Leadership Fee)* abgegolten.

Die **Projektleitung** *(Project Management)* besteht aus insgesamt 3 Projektleitern. Von jedem Mitglied wird 1 Projektleiter ernannt, der für übergeordnete Koordinationsaufgaben zuständig ist.

Die **Oberbauleitung** *(Site Management)* setzt sich aus 3 Oberbauleitern zusammen. Für das „tägliche Geschäft" auf der Baustelle wird je Mitglied 1 Oberbauleiter beauftragt.

Der **Lenkungsausschuss** *(The Steering Committee)*, bestehend aus je einem Bevollmächtigten jedes Mitglieds, wird für interne Streitschlichtungsfragen herangezogen, falls es in der Versammlung der Beteiligten *(Assembly of Parties)* zu keiner Einigung kommen sollte. Dieser Lenkungsausschuss wurde nie beansprucht.

Gemeinsame Kosten und Aufwendungen werden den Anteilen entsprechend zwischen den Mitgliedern aufgeteilt.

Sollte ein Mitglied, welches bereits von den anderen Mitgliedern mittels „Blauen Briefes" *(Letter of Default)* aufmerksam gemacht wurde binnen einer festgelegten Frist das Vergehen zu beheben, seinen **vertraglichen Verpflichtungen** dennoch **nicht nachkommen können** (z.B. weil es in Verzug gerät) **oder** im Falle der **Insolvenz aller Beteiligten des Mitglieds**, und die anderen Mitglieder dadurch gefährden, so kann dies **bis zum Ausschluss** des betreffenden Mitgliedes **aus dem Konsortium** führen.

Das Schiedsgerichtsverfahren findet am externen **Internationalen Schiedsgericht an der Österreichischen Wirtschaftskammer in Wien** *(Arbitral Centre of the Vienna Federal Economic Chamber)* statt.

Als **geltendes Recht** wurde das **Schweizer Recht** vereinbart.

Die Konsortialvereinbarung wird durch **zahlreiche Anhänge** ergänzt. Dazu gehören u. a. folgende Inhalte:

- Arbeitsumfang *(Scope of Work)* der 3 Mitglieder
- Schnittstellen *(Interfaces)* zwischen Bauarge und Ausstatter
- Bauzeitplan
- Meilensteinprogramm *(Milestones Program)*
- „Grobe" Preislisten der Mitglieder

3.12 Arbeitsgemeinschaftsvertrag
(Civil Works Joint Venture Agreement)

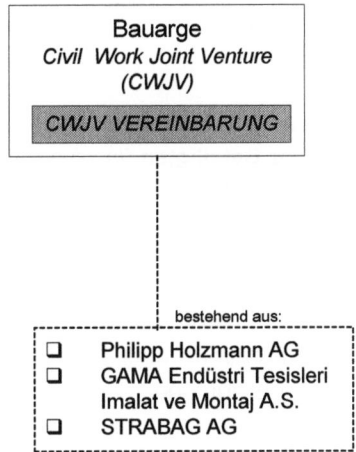

Dieser Vertrag regelt alle Arbeiten innerhalb der Bauarge. Der Bauargeführer *(Leader)* wurde durch die Philipp Holzmann AG durchgeführt. Die technische Konzeption und die Entwicklung der Arbeitsdurchführung entstanden aufgrund der Erfahrungen und Qualifikationen unter der Anleitung der STRABAG Österreich AG.

O ANHANG *(ANNEX):*

1   **Arbeitsumfang** *(Scope of Work)*
2   **Arbeitszeitplan für Errichtung** *(Construction Work Schedule)*
3   **Price Breakdown** *(Preisaufgliederung)*

O BESTIMMUNGEN *(CLAUSES):*

1. **Umfang und Dauer der Vereinbarung** *(Extent and Duration of Agreement)*
2. **Beteiligung** *(Participation)*
3. **Exekutivorgane** *(Executive Bodies)*
4. **Aufsichtsrat** *(Supervisory Board)*
5. **Vorstand** *(Executive Committee)*
6. **Bürge** *(Sponsor)*
7. **Oberbauleitung** *(Site Management)*

8. **Werkstoff, Anlage und Ausrüstung** *(Material, Plant and Equipment)*
9. **Bereitstellung von Resourcen** *(Provision of Resources)*
10. **Betriebskapital** *(Working Capital)*
11. **Haltung der Buchhaltungsunterlagen des Gemeinschaftsunternehmens** *(Keeping of Joint Venture Accounts)*
12. **Berichte** *(Reports)*
13. **Jährliche Rechnung** *(Yearly Account)*
14. **Schlussrechnung** *(Final Account)*
15. **Rechnungsprüfung** *(Auditing)*
16. **Übertragung und Untervermietung** *(Assignment and Subletting)*
17. **Insolvenz oder Verschulden eines Beteiligten** *(Insolvency or Default of Party)*
18. **Kommunikationsbereich** *(Communications)*
19. **Vereinbarung der Geltenden Rechte** *(Laws Governing Agreement)*
20. **Beilegung von Streitigkeiten** *(Settlement of Disputes)*

Die Bauarge *(Civil Works Joint Venture)* ist eine **echte Arge,** d.h. ein Wirtschaftskörper, der die Bauarbeiten als Gemeinschaftsunternehmen *(Joint Venture)* gemäß dieser Vereinbarung ausführt, ohne dadurch eine Aktiengesellschaft oder juristische Person zu bilden. Die beteiligten Firmen der Bauarge werden als *"Parties"* bezeichnet.

Die Beteiligung der Firmen umfasst sämtliche Rechte und Verpflichtungen, Risiken, Kosten und Aufwendungen, Nettogewinne und –verluste, die der Bauarge durch diese Vereinbarung entstehen können, und wie folgt festgelegt wurden:

Philipp Holzmann AG	40 %
GAMA A.S.	40 %
STRABAG AG	20 %

Unter „**Gesamtschuldnerischer Haftung**" *(Joint and Several Liability)* versteht man folgendes:
Grundsätzlich trägt jeder einzelne Beteiligte *(Party)* die Verantwortung für sich, darüber hinaus gibt es aber eine gemeinsame Verantwortung.

Philipp Holzmann AG übernimmt die Rolle des Bürgen *(Sponsor)*, dessen Aufgaben genau definiert sind. Jeder Beteiligte bringt seine Verpflichtungen in finanzieller, das Personal betreffend, maschineller und materieller und seine Serviceleistungen betreffenden Hinsicht in die Arge ein.

Ferner gilt auch in dieser Vereinbarung die „**Gesamtschuldnerische Haftung**" der Beteiligten *(Joint and Several Liability)* gegenüber der Projektgesellschaft als Auftraggeber bzw. gegenüber Dritten.

Es gibt drei **Exekutivorgane** *(Executive Bodies)*

- **Aufsichtsrat (3)** *(Supervisory Board)*
- **Vorstand (3+1)** *(Executive Committee)*
- **Bauleitung (3)** *(Site Management)*

Der **Aufsichtsrat** *(Supervisory Board)* ist das **oberste Organ,** bestehend aus jeweils einer Person von jedem Mitglied, wobei die von Philipp Holzmann AG ernannte Person *(Chairman)* den Vorsitz übernimmt. Zu den Aufgaben des Aufsichtsrats gehören z.B. die Verantwortung und Entscheidungsbefugnis der generellen Politik des Gemeinschaftsunternehmens im Hinblick auf die Ausführung des Vertrages und der Baumaßnahmen, sowie finanzielle Angelegenheiten. Jedes Mitglied verfügt über eine Stimme. **Entscheidungen** müssen **einstimmig** *(Unanimous Decisions)* getroffen werden.

Zur **Unterstützung der Bauleitung und zur Vorbereitung endgültiger Entscheidungen,** dient der **Vorstand** *(Executive Committee).* Auch hier bildet jeweils eine dazu berufene Person jedes Mitglieds den Vorstand, wobei die von Philipp Holzmann AG ernannte Person den Vorsitz übernimmt und zusätzlich eine Person aufstellt, welche die finanziellen Interessen aller Beteiligten vertritt.

Die Aufstellung der **Bauleitung** erfolgt über eine Empfehlung seitens des Vorstands und Genehmigung des Aufsichtrats. Aufgabe der ernannten 3 Bauleiter ist es, die Bauarbeiten auf der Baustelle zu überwachen und zu leiten, bzw. das „tägliche Geschäft" mit der Projektgesellschaft *(Birecik Company)*, dem Berater *(Consultant)*, den Lieferanten *(Suppliers)*, den Subunternehmern *(Sub-contractors)* und Dritten *(Third Parties)* abzuwickeln.

Die Verträge der Bauarge mit den lokalen Angestellten bzw. Bauarbeitern (Löhne) basierten auf der Türkischen Lira, wobei jeweils eine halbjährliche Anpassung stattgefunden hat. Mit den größeren Subunternehmern und Lieferanten (z.B. Zement, Diesel) wurden US$-Verträge abgeschlossen.

Das US$/DEM Kursrisiko lag auf Seite der Bauarge.

Wer war durch die Kursänderung des US$ besonders positiv oder negativ betroffen?

Besonders betroffen von der Kursänderung waren die ausführenden Firmen, die lokale Anteile hatten und die Ausstatter für die Montage. Da die Türkische Lira an die US$ gekoppelt ist, wirkte sich zunächst die Kurssenkung des US$ für diese Beteiligten positiv aus, jedoch später als der US$ wieder anstieg, wirkte es sich ungünstig aus, da die Türkische Lira gegenüber der DEM teurer wurde.

Die Beistellungen von **Material, Geräten** und sonstigen, für die Ausführungsarbeiten erforderlichen Einrichtungen, werden unter Berücksichtigung der Anforderungen der Exportkreditagenturen **von der Bauarge neu eingekauft** und nach Gebrauch wieder **weiterverkauft.**

Für die Abwicklung des täglichen Geschäfts wurde ein Budget (flüssige Mittel) der Bauarge festgelegt. Weitere Inhalte der Vereinbarung sind die Buchhaltung mit Jahresabschlüssen und externen Überprüfungen.

Gründe für das **Ausscheiden** eines Beteiligten *(Party)* sind z.B.:

- ☒ **Insolvenz**
- ☒ **Nicht Nachkommen der vertraglichen Pflichten**

Bei Ausscheiden eines Beteiligten übernehmen die anderen Beteiligten die Verantwortung des ausgeschiedenen Beteiligten und führen die weiteren Baumaßnahmen unter Berücksichtigung des Vertrages bis zur Fertigstellung fort.

Man hatte bereits ernsthafte Überlegungen angestellt, die Anteile der Philipp Holzmann AG, aufgrund des angekündigten Insolvenzverfahren zu übernehmen (siehe Presseinformation).

Presseinformation
24/1999

Bankengespräche gescheitert - Philipp Holzmann beantragt Insolvenzverfahren

Frankfurt am Main, **22. November 1999** Die rund 20 wichtigsten Gläubigerbanken der Philipp Holzmann AG haben in der vergangenen Nacht das finanzielle Sanierungskonzept des Vorstands abgelehnt. **Der Vorstand ist daher gezwungen, spätestens morgen das gerichtliche Insolvenzverfahren einzuleiten.** Das weitere Vorgehen wird auf einer Aufsichtsratssitzung am heutigen Montag, 22. November, festgelegt.

Voraussichtlich am Dienstag, 23. November, wird zu einer
Pressekonferenz eingeladen.

Philipp Holzmann AG
Unternehmenskommunikation
Taunusanlage 1
60299 Frankfurt am Main

Durch mehrfache Unterstützung seitens der deutschen Regierung, in Form von „Finanzspritzen" konnte die Philipp Holzmann AG doch noch gerettet werden. Daher kam es nicht zu einer Übernahme dieser Anteile durch die türkische GAMA und österreichische STRABAG AG.

Als **geltendes Recht** wurde auch in diesem Vertrag das **Schweizer Recht** festgelegt.

Das Schiedsgerichtsverfahren findet wie in der Konsortialvereinbarung und im Errichter Vertrag am **Internationalen Schiedsgericht an der Österreichischen Wirtschaftskammer in Wien** *(Arbitral Centre of the Vienna Federal Economic Chamber)* statt.

Die Einheitspreise wurden von der Bauarge festgelegt und in eine Pauschale umgewandelt, auf die man sich im Verhandlungsverfahren einigte. Es gibt nur Gruppenpreise und Gruppenmengen, woraus eine **sehr grobe Preisaufgliederung** resultiert.

3.13   Betriebsführungs- und Wartungsvertrag
(Operation & Maintenance Contract)

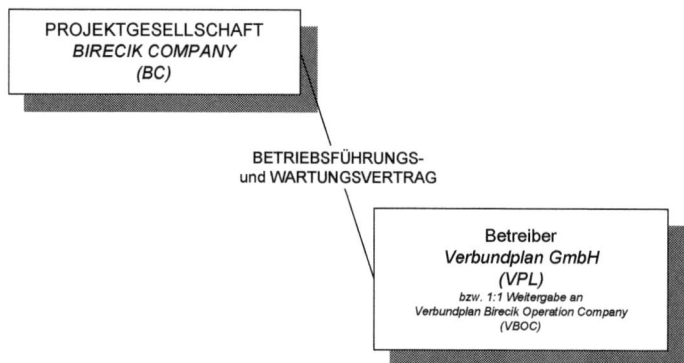

Die Projektgesellschaft ist der Eigentümer der Anlage und Auftraggeber des Betreibers.

Für das Honorar des Betreibers wurde eine Pauschale vereinbart, die sämtliche Kosten für den Betrieb, Management, Verwaltung und Wartung abdeckt.

Der Betriebsführungs- und Wartungsvertrag wurde zwischen Projektgesellschaft und Betreiber abgeschlossen. Die Verbundplan GmbH hat das Recht, den Vertrag an eine speziell dafür gegründete Tochtergesellschaft *(VBOC)* weiterzugeben.

Diese Tochtergesellschaft: ***Verbundplan Birecik Baraji Isletme Ltd. Sti.*** wurde 1998 in der Türkei von folgenden Unternehmen gegründet, um das Wasserkraftwerk vom Zeitpunkt der Inbetriebnahme der ersten Turbine bis zum „Kommerziellen Betriebsdatum" und weiteren 15 Jahren zu betreiben und zu warten [12],[20]:

VERBUND-Austrian Hydro Power AG	70 %
STRABAG AG	25 %
Verbundplan GmbH	5 %

Zu den **Kernaufgaben des Betreibers** gehören [21]:

❑ Betriebsführung, Wartung und Management der Anlage gemäß hoher internationaler Standards, Gesetze, Richtlinien und Lizenzen.

❑ Betrieb des Wasserkraftwerks entsprechend dem Energieerzeugungsprogramm und den Anleitungen der türkischen Elektrizitätsgesellschaft (TEAS).

❑ Überwachung und Steuerung der Anlage zur Erreichung bestmöglicher Leistung; Überwachung der Wasserstände.

❑ Regelmäßige Leistungsprüfung.

❑ Kontrollrundgänge einschließlich laufende und vorbeugende Wartung.

❑ Regelmäßige Wartung und Generalüberholungen der Anlage.

❑ Vorbereitung der gewünschten Berichte seitens der Projektgesellschaft.

❑ Erstellung der jährlichen, halbjährlichen, monatlichen, wöchentlichen und täglichen Energieerzeugungsprogramme.

❑ Installationspersonal und leitendes Personal (mit ca. 150 Angestellten zum Zeitpunkt des kommerziellen Betriebes).

❑ Schulung des türkischen Personals.

❑ Bereitstellung betriebsinterner Bewachung.

3.14 Beratervertrag
(Consultant Agreement)

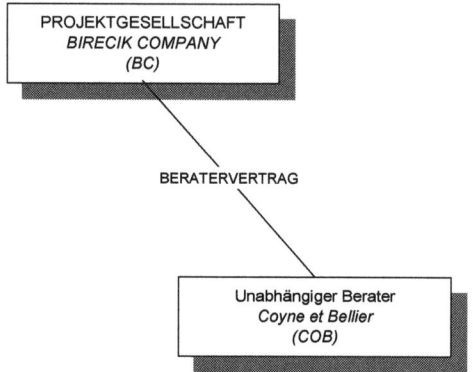

Der Beratervertrag gilt nur zwischen der Projektgesellschaft und dem Berater. Seine Gültigkeit erreichte er jedoch erst durch die Genehmigung des Energieministeriums. Der unabhängige Berater *Coyne et Bellier (COB)* wurde als unabhängiges Überwachungsorgan mit folgenden Aufgaben beauftragt [19]:

❑ Überprüfung und Genehmigung der vom Auftragnehmer (CWJV und HEM) vorgelegten Dokumente.

❑ Überprüfung der Herstellung, Fabrikation, Testroutinen und der Vorbereitung der Lieferung von Einbauteilen der HEM-Group.

❑ Überprüfung der Produktionspläne und der Herstellung von Ausrüstungen des Auftragnehmers.

❑ Überprüfung und Genehmigung der Methoden und Verfahren, welche vom Auftragnehmer in der Planung Herstellung verwendet werden.

❑ Überprüfung und Genehmigung von Änderungen in der Planung aufgrund von geologischen Bedingungen entsprechend den Vorprüfungen des Konzessionsvertrages.

❑ Sicherstellen, dass die Qualitätssicherung aller Konstruktionen, das Prüfen von Teilen und die vom Auftragnehmer ausgeführten Aktivitäten zur Qualitätssicherung ordnungsgemäß erbracht werden.

❑ Überprüfung von Rechnungen und des Baufortschrittes entsprechend den Bauzeitplänen.

❑ Bericht über die oben genannten Angelegenheiten an das Energieministerium, die Investoren und die Projektgesellschaft.

Im Hinblick auf die Qualitätsüberwachung beschränkt sich die Tätigkeit des unabhängigen Beraters im wesentlichen auf die Abnahme der Aufstandsflächen und die statistische Auswertung der Prüfungsergebnisse.

3.15   Ausgewählte Finanzierungsverträge
(Selected Financial Contracts)

📖   **Schuldübernahmevertrag** *(Debt Assumption Agreement)*
Schatzamt (UTFT) & Projektgesellschaft (BC)

Dieser Vertrag musste aufgrund der Forderung der Banken abgeschlossen werden. Er beinhaltet die Übernahme der Schulden der Projektgesellschaft durch den türkischen Staat, falls es zu einem Verschulden *(Company Default)* oder zu einer Leistungsstörung seitens der Projektgesellschaft kommen sollte [a].

📖   **Nachrangiger Kreditvertrag** *(Subordinated Loan Agreement)*
Elektrischer Energiefonds (EEF) & Projektgesellschaft (BC)

Der Nachrangige Kreditvertrag dient in erster Linie zum Schließen allfälliger Finanzierungslücken. Er kam aber nicht zum Einsatz. Aus dem Elektrischen Energiefonds werden hauptsächlich die Enteignungen seitens der Regierung finanziert [a].

📖   **Treuhandvertrag** *(Escrow Agreement)*
Treuhänder (Escrow Agent) & Projektgesellschaft (BC)

Der Treuhänder hat die Aufgabe die Geldmittel der Projektgesellschaft zu verwalten und entsprechend der Finanzierungsverträge zu kanalisieren.

4.   Ist das Fallbeispiel Birecik ein echtes BOT-Projekt?
(Does this overseas project meet the criteria of a real BOT project?)

Die Projektgesellschaft hatte weder das geologische Risiko noch ein Marktrisiko zu tragen, was mir unter diesen zu unprognostizierbaren Bedingungen verständlich und korrekt erscheint. Aufgrund der ungewissen Verfügbarkeit des Wassers wurde auch das hydrologische Risiko angesichts des Kraftwerksbetriebs minimiert. Bei BOT-Projekten sollte auf jeden Fall eine Wettbewerbsausschreibung stattfinden, was bei diesem Fallbeispiel nicht geschah. Das Stromabnahmerisiko wurde zur Gänze vertraglich ausgeschaltet. Der Stromabnahmepreis ist kein Marktpreis, sondern beruht auf Basis der Kostendeckung.

Da es sich um ein risikominimiertes Projekt zugunsten der Projektgesellschaft handelt, würde ich auch die leicht modifizierte Bezeichnung *"BOT^{Light}"* bevorzugen. Aufgrund der Risikoverteilung zugunsten des Konzessionsnehmers ist es ein „sehr eingeschränktes" BOT-Modell, wenn man überhaupt unter diesen Bedingungen noch von BOT-Modell sprechen kann.

Aus meiner Sicht ist das Wasserkraftwerk *Birecik Dam & HEPP*, aufgrund der Stromabnahmegarantie *(take or pay)* und der Risikoübertragung auf die Türkische Regierung zugunsten der Projektgesellschaft *(Birecik Company)*, kein echtes BOT-Modell sondern vielmehr ein **„verstecktes" PPP-Modell**.

4.1   Verbesserungsansätze
(Attempts of Improvement)

4.1.1   Regelungsmechanismus bei Änderungen
(Handling of Changes)

Nachdem ein definiertes Bauprogramm erstellt wurde im Hinblick auf Zeit, Preis und Qualität, welche Regelungen wurden bei Änderungen vereinbart?

Grundsätzlich sind die Regelungen in den einzelnen Verträgen festgelegt, was auch im Hinblick auf die Qualität durch das eigens dafür eingeführte Qualitätsmanagement gut umgesetzt werden konnte. Allerdings wäre ein realistisch umsetzbarer, zeitlicher Regelungsmechanismus des Genehmigungsverfahrens bei Änderungen sinnvoll gewesen. Das hat es nicht gegeben und wurde mehrfach kritisiert.

4.1.2   Qualitätsmanagementsystem
(Quality Management System)

Viele Vorgänge und Arbeitsprozesse wurden im *Project Quality Management Plan (PQMP)* zu ausführlich in Textform beschrieben. Grundsätzlich könnte man einige Prozesse wesentlich übersichtlicher, verständlicher und genauso detailliert in Diagrammen erklären. Eine Kürzung des Projekthandbuches hätte zu einer größeren Akzeptanz bei den Mitarbeitern geführt.

Aus eigener Erfahrung kann ich bestätigen, dass es häufig zu zeitintensiven und unnötigen Kompatibilitätsproblemen aufgrund unterschiedlicher Softwareprodukte gekommen ist. Bei Baustellen dieser Größenordnung sind Vereinbarungen des automatischen Datentransfers, bzw. eine Vorgabe der Softwareprodukte aus meiner Sicht von sehr großer Bedeutung. Im *PQMP* wurde dies leider nicht als notwendig betrachtet. Es hätte zu einer wesentlichen Arbeitserleichterung bzw. Ausschalten von Fehlerquellen geführt.

4.1.3   Planungsstandards
(Design Standards)

Um unterschiedliche Auffassungen zu vermeiden sollte eine **Vereinheitlichung der Wasserbaustandards** angestrebt werden. Diese Generalisierung wird aus meiner Sicht künftig nicht nur Aufgabe der Europäischen Gemeinschaft durch die Entwicklung entsprechender Euro-Codes sein, sondern erstrebenswert wäre eine internationale Umsetzung, beispielsweise im Rahmen der ICOLD.

4.1.4   Definition des Übernahmezustandes
(Transfer Condition)

Die etwas fragwürdige, unklare Definition des Übernahmezustandes lautet: *"...all facilities in good operating condition taking into account its age..."*. Das ist eine sehr weiche Formulierung, die meines Erachtens präziser beschrieben werden muss.

Folgende Gesichtspunkte mildern die umstrittene Formulierung. Zusätzlich zu den vorgesehenen Überholungsprogrammen ist aufgrund des weltweit anerkannten österreichischen Qualitätsstandards im Kraftwerksbau davon auszugehen, dass die Anlage auch nach der vereinbarten Betriebsdauer einen sehr guten Zustand aufweist.

4.1.5   Interessenskonflikt
(Conflict of Interest)

Interessant erscheint mir die Frage, wo der Interessensschwerpunkt einer **Bauarge** liegt, die als Gesellschafter der Projektgesellschaft eine **Doppelrolle** inne hat:

◎   **Bauherrenrolle** als Teil der Projektgesellschaft   **Erfolg der Projektgesellschaft?**
◎   **Auftragnehmer** als Teil des Errichter Konsortiums   **Gewinn aus Bauleistungen?**

Welches Interesse überwiegt?

In welcher „Rolle" kann die Bauarge (kurzfristig, mittelfristig bzw. langfristig) mehr profitieren?

Aus der Verschmelzung der Vielzahl an Projektbeteiligten ergibt sich die absurde Situation Auftraggeber und Auftragnehmer zugleich zu sein.

Wie kann verhindert werden, dass ein Bauunternehmen nur an seinem eigenen Gewinn interessiert ist (d.h. wenig Risiko, kein Wettbewerb und Erzielung möglichst hoher Preise), und eventuell sogar einen Eigenkapitalverlust in Kauf nehmen würde?

Meiner Meinung nach beruhen Verbesserungsansätze im wesentlichen auf eine möglichst breite **Schaffung von Interessensgleichheit**, das z.B. durch *"Value Engineering"* (siehe 4.1.7) erreicht werden kann. Ein weiterer wesentlicher Faktor ist eine **Wettbewerbsausschreibung**, was bei diesem Projekt nicht erfolgte. Ferner sollten entsprechende **variable Bedingungen** geschaffen werden. Eine Möglichkeit wäre die zusätzlich entstandenen Kosten, z.B. aufgrund von unabsehbaren Änderungen in der Geologie, zu teilen.

4.1.6   Verwendbarkeit Standardisierter Pauschalpreisverträge
(Usability of Standardized Lump Sum Contracts)

Die realen Anforderungen an Betreibermodelle sind zu vielfältig, um eine erwünschte vertragliche Vereinheitlichung erzielen zu können.

Da man geologische Ungewissheiten nicht ausschließen konnte, ist meiner Meinung nach aufgrund unzureichender Informationen ein Pauschalpreisvertrag für die Errichtung des Wasserkraftwerks Birecik ungeeignet.

Sinnvoller erscheint mir eine **Kombination aus Pauschal- und Einheitspreisvertrag**. Schwierig zu prognostizierende Bauteile sollen über Einheitspreise abgerechnet werden, während für die restlichen Leistungen eine Pauschale vereinbart wird. Grundsätzlich sollte natürlich derjenige das Risiko tragen, der dieses am ehesten steuern kann.

Derzeit gibt es z.B. folgenden standardisierten Pauschalpreisvertrag, der 1999 von der *FIDIC* entwickelt wurde. Diese Vertragsart eignet sich aber nur bei sehr klaren Baugrundverhältnissen.

---

*These Conditions of Contract for EPC/Turnkey Projects **are not suitable** for use in the following circumstances [13]:*

O   *if there is **insufficient** time or **information for tenderers** to scrutinise and check the Employer`s Requirements or for them to carry out their designs, risk assessment studies and estimating (taking particular account of Sub-Clauses **"Unforseeable Difficulties"** and "General Design Obligations").*
O   *if construction will involve **substantial work underground** or **work in other areas which tenderers cannot inspect.***
O   *...*

4.1.7   Einsparungsmöglichkeiten
(Cost Reducing Options)

Aus meiner Sicht lässt sich das ungenützte, während der Ausführungsphase noch mögliche, Einsparungspotenzial in erster Linie auf **fehlendes *"Value Engineering"*** zurückführen. Der Vorschlag für die Einführung eines *Value Engineering* wurde seitens der türkischen Regierung abgelehnt. Immer wieder konnte ich aus Gesprächen mit Projektbeteiligten entnehmen, dass mehrere technisch gleichwertige Ausführungsideen, die erhebliche Einsparungen gebracht hätten, nicht umgesetzt werden konnten. Einsparungsmöglichkeiten hätte es insbesondere u. a. bei der Ausführung des negativen Dammes gegeben, der um vieles hätte kürzer sein können, bei der Ausführung der Schlitzwand und bei der Ausführung des Dammes, den man steiler ausbilden hätte können. Auch das *Operator`s Village* wurde von manchen als 5-Sterne-Anlage gesehen, die etwas bescheidener ausfallen hätte können.

Was versteht man unter *Value Engineering?*

Value Engineering trägt einerseits zu einer erheblichen **Projektoptimierung** bei und andererseits kann mit dieser Einführung auch eine sehr **positive projektsteuernde Wirkung** erzielt werden.

Diese Methode erlaubt gewisse Freiheiten in der Planung und ist daher ausführungsfreundlich. Durch **gezielte Projektänderungen** während der Ausführungsphase sollen **unter Beibehaltung der Qualitätskriterien Kosteneinsparungen** erzielt werden. Damit alle Projektbeteiligten, insbesondere die ausführenden Firmen und Planer, welche am ehesten Einsparungspotenziale durch ihre intensive Auseinandersetzung mit dem Projekt wahrnehmen, einen **Anreiz** bekommen solche Einsparungsmöglichkeiten aufzuzeigen, sollten sie an den Einsparungen aufgrund der vorgeschlagenen Projektänderungen beteiligt werden. Die **Belohnung** dieser positiven Ingenieurleistungen wird durch einen vereinbarten Aufteilungsschlüssel vertraglich festgelegt. *Value Engineering* fördert eine erwünschte **Interessensgleichheit** zwischen den Projektbeteiligten, was sich auch vorteilhaft auf die Zusammenarbeit auf der Baustelle auswirkt. Dadurch erreicht man die eigentliche **„win-win"** Situation.

Es gibt eine Vielfalt verschiedener Arten von Prokjektänderungen, die zu Kosteneinsparungen führen [18]:

- ō **Änderungen in der Planung**
- ō **Vereinbarungen mit Anrainern,** die kostengünstige Lösungen zulassen
- ō Projektänderungen mit **Bauzeitverkürzung,** die zu einer vorzeitigen Nutzung führt
- ō Projektänderungen, die eine **Reduzierung der Betriebskosten** bewirken

4.2   Schlussbetrachtung
(Concluding View)

Alle Vorgaben für das Errichter Konsortium wurden eingehalten. Die Erwartungen der **Betriebserlöse** während der Bauphase konnten aufgrund der guten Wasserführung und der vorzeitigen Inbetriebnahme des Wasserkraftwerkes **um ca. 50 % übertroffen** werden. Infolgedessen konnten auch aus Finanzierungsgründen (durch Senkung des Zinsniveaus), die prognostizierten **Gesamtinvestitionskosten *(TIC)* unterschritten** werden [a].

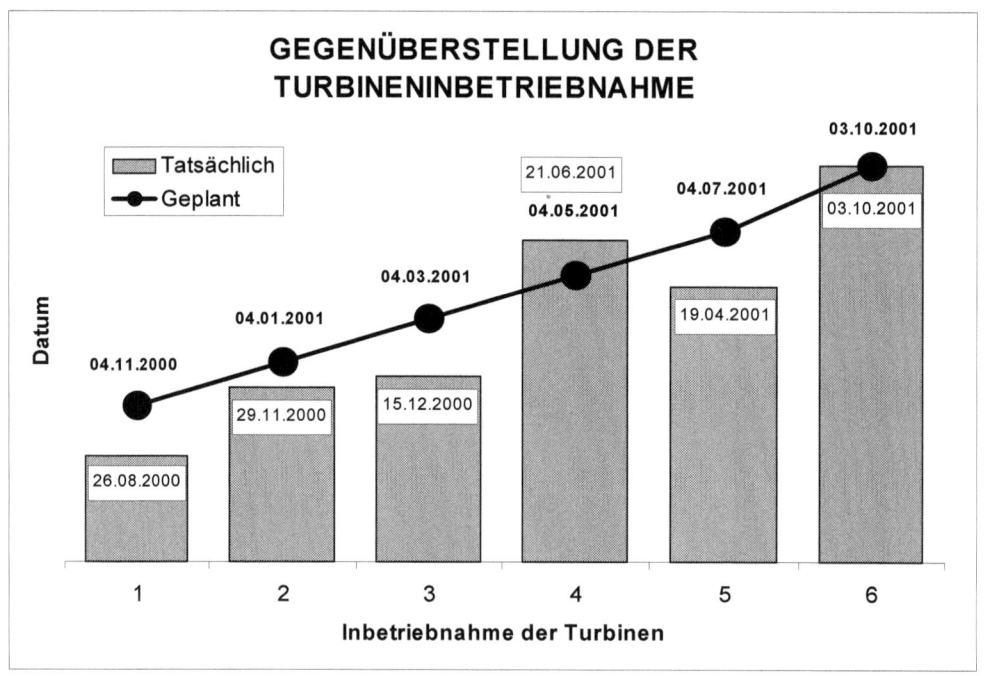

Abbildung 4-1:   Gegenüberstellung der Turbineninbetriebnahmen entwickelt aus [e]
                  (Comparison of the Unit Commercial Operation Dates)

Welche Auswirkungen hatte die frühzeitige Inbetriebnahme?

In erster Linie wirkte es sich positiv auf die Finanzierungsstruktur aus. D.h. jeder der Projektbeteiligten profitierte daran, einschließlich des Staates (aufgrund der höheren Energieerzeugung und der günstigen Auswirkung auf den Tarif). Das Errichter Konsortium erhielt einen Bonus.

Das Besondere an diesem **BOT**^{Light}-Projekt ist, dass die Türkische Republik Garantien abgeschlossen hat, welche unter bestimmten Bedingungen [15]:

- der Projektgesellschaft die Tarifzahlungen der Türkischen Elektrizitätsgesellschaft (TEAS), gemäß Energieabnahmevertrag, garantieren
- der Projektgesellschaft die Verpflichtung des Elektrischen Energiefonds, nachrangige Kredite bereitzustellen, garantieren
- den vorrangigen Kreditgebern (=Banken) die Rückzahlung der Schulden, gemäß Neuformulierung des Kreditvertrages, garantieren.

Das BOT-Modell ist grundsätzlich eine gute und zukunftsorientierte Finanzierungsmöglichkeit von Wasserkraftprojekten mit langen Laufzeiten. In 15 Jahren lässt sich kein Wasserkraftwerk darstellen, deshalb ist dieses Projekt auch nicht als reines BOT-Projekt geeignet. In erster Linie konnte durch das versteckte PPP-Modell, eine rasche Realisierung von Infrastruktur geschaffen werden, welche auf konventionelle Art und Weise aufgrund der Haushaltsengpässe der Türkischen Regierung nicht möglich gewesen wäre.

...
*Because of the **huge amounts of financing requirements** for the new hydroelectric power plant investments and the limited budgetary sources in this respect, **alternative ways** of project awarding, implementation and operation **have been promoted in Turkey.***
*...Already eight hydroelectric power plants have been realized on BOT model. **As of January 1999**, there are **eleven BOT based** hydroelectric power plants **under construction.***
...[17]

Dieser Artikel klang mehrversprechender als die jetzige Situation tatsächlich ist. In der Türkei sind derzeit auf BOT-Basis lediglich Kleinwasserkraftwerke geplant, die wahrscheinlich nur von Türkischen Projektbeteiligten abgewickelt werden.

Die Ursache dafür liegt möglicherweise in der Änderung der türkischen Gesetzgebung, welche für BOT-Modelle keine internationale Rechtsprechung (insbesondere *Arbitration*) mehr zulässt. Seither ist ein türkisches Schiedsgerichtsverfahren vorgeschrieben. Das Interesse ausländischer Investoren ist auch deshalb ausgeblieben.

Ein weiterer Grund, wieso das Wasserkraftwerk *Birecik Dam & HEPP* das erste und letzte größere Projekt in dieser Form ist, könnte folgender sein: Diese Realisierungsvariante ist für den Staat zu teuer. Die Diskrepanz zwischen den Gehältern türkischer und europäischer Angestellter ist beträchtlich. Einigen Meinungen zufolge hätte dieses Projekt halb soviel gekostet, wenn es von türkischen Firmen umgesetzt worden wäre. Diesen Aussagen kann ich nur sehr bedingt etwas abgewinnen. Hohe Qualitätsanforderungen lassen sich nur bei entsprechendem Preis realisieren, ferner möchte ich die Notwendigkeit der Einhaltung der Bauzeit betonen. Die Abwicklungseffizienz ist ein wesentlicher Faktor für den Erfolg des Projekts.

5.   Zusammenfassung *(Summary)*

Weltweit sind Großprojekte für die öffentliche Hand aus konventionellen Budgets kaum mehr finanzierbar. Zunehmend strebt man daher nach neuen Möglichkeiten Projekte verwirklichen zu können, damit nicht auf wichtige Infrastruktureinrichtungen verzichtet werden muss.

Beim Betreibermodell *BOT (Build-Operate-Transfer)* beispielsweise erhält eine private Projektgesellschaft die Konzession für die Errichtung und den zeitlich begrenzten Betrieb einer Anlage. Finanzierung und Planung sind ebenfalls Aufgabenbereiche der Gesellschaft, die durch die Einnahmen während der Betriebsphase ihre Schulden tilgen und darüber hinaus ihren Gewinn erwirtschaften kann. Nach Konzessionsablauf wird die Anlage „zum Nulltarif" der öffentlichen Hand übergeben. Eine gründliche Untersuchung des Landes, insbesondere hinsichtlich politischer Risikobewertung und Privatisierungsbereitschaft der Regierung, ist für die Beteiligungsüberlegung vorab notwendig. Unumgänglich ist auch eine Überprüfung, ob die rechtlichen Rahmenbedingungen und ein transparentes Vergabeverfahren gegeben sind. Ferner sind die ideale Wahl der Partner für ein Konsortium, die Abschätzung der Entwicklungskosten und das Aufstellen eines realistischen Zeitplanes von entscheidender Bedeutung.

Der Erfolg dieses Modells ist v. a. auf den Zeitgewinn, die Effizienzsteigerung durch die Privatwirtschaft und auf die Lebenszyklusoptimierung bedingt durch einen Systemanbieterwettbewerb zurückzuführen. Ziel des Partnerschaftsansatzes ist das beidseitige Profitieren der öffentlichen Hand und Privatunternehmen, welches als „win-win"-Situation bezeichnet wird. Ein sehr positiver Aspekt ist die Eigenverantwortung der ausführenden Unternehmen. Als Miteigentümer trägt die Baufirma eine zusätzliche Verantwortung, da sie die Qualität eigentlich sich selbst garantiert.

Die Hauptunterschiede zum traditionellen Projektablauf liegen in der längeren Projektvorbereitung und der kürzeren Bauphase. Ferner bietet das BOT-Modell der öffentlichen Hand die Möglichkeit weitreichende Projektrisiken an die Privatwirtschaft zu übertragen. Der Unterschied zwischen dem BOT-Ansatz und der konventionellen Projektrealisierung besteht darin, dass das Risiko eingerechnet werden muss und dadurch das Projekt auf den ersten Blick teurer erscheint.

Beim BOT-Modell wird das Risiko zumindest vorweg beziffert, wodurch im Gegensatz zu klassischen Modellen bei denen ein Nachtrag nach dem anderen gestellt wird, eine erwünschte Transparenz gefördert wird. Werden den Privatunternehmen jedoch zu viele Risiken weitergegeben, sinkt die Bereitschaft zu bauen wesentlich.

Bei langfristigen Investitionen, wie bei Wasserkraftwerken, wird es sich betriebswirtschaftlich nie ohne Anreize *(Incentives)* des Staates rechnen. Die erwünschte Risikoübertragung ließe sich eher umsetzen, wenn beispielsweise mehrere Wasserkraftwerkprojekte von einem Konsortium errichtet würden. Leider ist das gegenseitige Misstrauen immer noch sehr hoch.

Das Projekt und seine Finanzierung durch die private Hand, welche den Grundstein des Modells bildet, prägen die Vertragsgestaltung. Der wichtigste und herausragendste Vertrag ist der Konzessionsvertrag. Alle weiteren Verträge sind Folgeverträge. Im Zentrum steht die Projektgesellschaft, welche der Vertragspartner für alle Verträge ist. Das Vertragspaket muss konsistent und komplementär sein. Beispielsweise sollten „Höhere Gewalt", Rechtswahl und Beilegung von Streitigkeiten durchgehend einheitlich geregelt werden.

Sinnvoll ist die Einführung von *Value Engineering*, wodurch Vorschläge technisch gleichwertiger Leistungen zum günstigeren Preis auch während der Ausführungsphase wahrgenommen werden können, und somit zur wirtschaftlichen Optimierung des Projekts führen. Nur, wenn der Ausführende auch daran profitiert, ist er an einem geringeren Leistungsumfang interessiert.

Der BOT-Ansatz ist erst dann volks- und betriebswirtschaftlich geeignet, wenn die Effizienzvorteile überwiegen. Das BOT-Modell darf kein reines Finanzierungsmodell sein!

Die Durchleuchtung des Betreibermodells **BOT** *(Build-Operate-Transfer)* anhand des Fallbeispiels **Birecik Dam & Hydro-Electric Power Plant** in der Türkei, bildet den Kern dieser Diplomarbeit. Im Mittelpunkt steht die Erörterung folgender Fragen:

◎ Wie funktioniert dieses „BOT-Modell"?

◎ Welche Vertragsstruktur wurde gewählt?

◎ Welche Kernpunkte beinhalten die einzelnen Verträge?

◎ Wie konsistent ist das Vertragspaket in sich?

◎ Wie funktioniert die Projektfinanzierung?

◎ Welche Risikozuordnungen und Sicherheitsmaßnahmen wurden gewählt?

◎ Welche Interessenskonflikte ergeben sich?

◎ Wieso ist das Wasserkraftwerk Birecik kein echtes BOT-Projekt?

◎ Welche Verbesserungen wären realisierbar?

◎ Was sind die möglichen Gründe dafür, dass das Fallbeispiel **Birecik Dam & HEPP** das erste und letzte größere Projekt in dieser Form in der Türkei ist?

Abbildung 5-1:   Fertiggestellte Anlage [e]
                  (Completed Project)

Die Entwicklung und Umsetzung eines BOT-Modells sind keine eintägige Angelegenheit.

6. Informationsquelle *(Source of Information)*

6.1 Literatur und Artikel *(Literature and Articles)*

[1] UNIDO

(1996) **Guidelines for Infrastructure Development through Build-Operate-Transfer (BOT) Projects**
UNIDO General Studies Series
United Nations Industrial Development Organization
Wien, 1996

[2] Spiegl M.

(2000) **Ein alternatives Konzept für Risikoverteilung und Vergütungsregelung bei der Realisierung von Infrastruktur mittels Public Private Partnership unter International Competitive Bidding mit Schwerpunkt auf den Untertagebau von Wasserkraftwerken**
Dissertation am Institut für Baubetrieb, Bauwirtschaft
und Baumanagement
Universität Innsbruck, 2000

[3] Girmscheid G., Benz P.

(1998) **Neue Geschäftsfelder für Bauunternehmungen BOT – Build Operate Transfer,**
Generelle Studien zum BOT-Ansatz
Diplomarbeit an der ETH Zürich
Zürich, 1998

[4] Behnen O.

(1999) **BOT als Basis zu unternehmerischen Erfolg durch Systemanbieterschaft**
22. Deutscher Aussenwirtschaftstag-Betreibermodell für das Ausland
11. Februar 1999

[5] Franzl G.

(2000) **Betriebswirtschaftslehre für Bauingenieure**
Vorlesungsskriptum am Institut für Baubetrieb, Bauwirtschaft
und Baumanagement
Universität Innsbruck, 2000

[6] Girmscheid G., Behnen O.

(1998) **Chancen der Bauindustrie auf dem internationalen Baumarkt unter besonderer Betrachtung von Konzessionsmodellen**
Institut für Bauplanung und Baubetrieb ETH Zürich
Zürich, 1998

[7] Lessiak R.

(1997) **Vertragsgestaltung bei B.O.T.-Projekten**
Bau-intern, VIBÖ
Heft 210
Wien, April 1997

[8]   Kriesch Th.   **(2002) Kraftwerk Birecik**
                                         Präsentationsunterlagen
                                         Verbundplan GmbH
                                         Geschäftsstelle Salzburg

[9]   Verbundplan GmbH   **Birecik Power Plant**
                                         BOT - Model
                                         Werbeprospekt
                                         Wien

[10] Petter R.   **(1998) Entwicklung und Ausführung des privat finanzierten**
                                         Wasserkraftwerks Birecik am Euphrat in der Türkei
                                         Strabag Österreich AG
                                         Linz, 1998

[11] Petter R.   **(1998) Das Wasserkraftwerk Birecik in der Türkei**
                                         Anwendung internationaler Regelwerke bei der Planung
                                         und Ausführung des privat finanzierten Projektes
                                         Talsperren Symposium
                                         März 1998

[12] Birecik A.S.   **(2000) Ceremony for Early Energy Production**
                                         Werbeprospekt
                                         Dezember 2000

[13] FIDIC   **(1999) Conditions of Contract for EPC Turnkey Projects**
                                         General Conditions
                                         Guidance for the Preparation of Particular Conditions
                                         Forms of Letter of Tender, Contract Agreement and
                                         Dispute Adjucation Agreement
                                         International Federation of Consulting Engineers (FIDIC)
                                         Lausanne, 1999

[14] Philipp H., Gama, Strabag   **(1996) Euphrates Barrage at Birecik**
                                         Werbeprospekt
                                         Dezember 1996

[15] Petter R., Görres H.   **(1999) Project Financing of BOT Project Birecik Dam &**
                                         HEPP, Turkey
                                         Hydropower into the Next Century
                                         Gmunden, 20. Oktober 1999

[16] Civil Works Joint Venture   **(1999) Informationen zum Fallbeispiel BIRECIK DAM &**
                                         HEPP über:
                                         Implementation Contract, Construction Contract
                                         Technical Office Birecik, Juli - Sept. 1999

[17] Turfan M.   **(1999) International Symposium on: DAM FOUNDATIONS**
                                         PROBLEMS AND SOLUTIONS
                                         67th Annual Meeting of International Commission on Large
                                         Dams - ICOLD
                                         TRCOLD
                                         Ankara, 1999

[18]   Petter R.

(2002)   **Erforderliches   Projektmanagement   zur Projektumsetzung bei privat finanzierter Infrastruktur**
rp consult
ICC 3 „PRIVAT FINANZIERTE INFRASTRUKTUR – ZUKUNFT AUCH FÜR ÖSTERREICH?"
Vill bei Innsbruck, 11. November 2002

[19]   Coyne et Bellier

(1999) Informationen zum Fallbeispiel BIRECIK DAM & HEPP über:
Beratervertrag
Working Relationship, April 1995
Technical Office Birecik, Juli - Sept. 1999

[20]   Zapletal W.

(1999) HPP BIRECIK Operation/Isletme
Verbundplan Birecik Baraji Isletme Ltd. Sti. (VBOC)
Birecik, April 1999

[21]   Naderer R., Fazokas S.

(1997) HPP BIRECIK
CONTRACTUAL ASPECTS FROM THE DESIGNER`S AND OPERATOR`S POINT OF VIEW
Verbundplan GmbH
COMMISSION   INTERNATIONALE   DES   GRANDES BARRAGES
Dix-neuvieme Congres des Grandes Barrages
Florence, 1997

6.2   **Gesprächspartner** *(Conversational Partners)*

[a]   **Kriesch Th.**

(2002) Gespräch am 8. März 2002 in Salzburg
Informationen zum Fallbeispiel BIRECIK DAM & HEPP über:
Projektfinanzierung,   Betrieb,   Risikoverteilung,   Verträge
Verbundplan GmbH

[b]   **Petter R.**

(2002) Gespräch am 19. März 2002 in Linz
Informationen zum Fallbeispiel BIRECIK DAM & HEPP über:
Vertragspaket, Konsortialvereinbarung, Arbeitsgemeinschaftsvereinbarung, Errichtervertrag, Risikoverteilung, Interessens-
konflikt
rp consult

[c]   **Petter R.**

(2003) Gespräch am 11. November 2003 in Vill bei Innsbruck
Informationen zum Fallbeispiel BIRECIK DAM & HEPP über:
Konsortialvereinbarung, Arbeitsgemeinschaftsvereinbarung,
Änderungen, Einsparungen, Kursrisiko, Aktuelle Situation
ICC 3

[d]   **Zapletal W.**

(2002) E-Mail vom 05. März 2002 aus Birecik
Informationen zum Fallbeispiel BIRECIK DAM & HEPP über:
Betrieb
Verbundplan Birecik Operation Company

[e]   **Yildirim T.**

(2003) E-Mail vom 05. Februar 2003 aus Ermenek
Informationen zum Fallbeispiel BIRECIK DAM & HEPP über:
Turbineninbetriebnahme
Verbundplan GmbH

Son